FRANK ELLENBECK

Die Grundrechtsfähigkeit des Betriebsrats

Schriften zum Öffentlichen Recht

Band 695

Die Grundrechtsfähigkeit des Betriebsrats

Von

Frank Ellenbeck

Duncker & Humblot · Berlin

Die Deutsche Bibliothek - CIP-Einheitsaufnahme

Ellenbeck, Frank:
Die Grundrechtsfähigkeit des Betriebsrats / von Frank Ellenbeck. - Berlin : Duncker und Humblot, 1996
(Schriften zum öffentlichen Recht ; Bd. 695)
Zugl.: Berlin, Humboldt-Univ., Diss., 1995
ISBN 3-428-08695-3
NE: GT

Fotoprint: Werner Hildebrand, Berlin
Printed in Germany

ISSN 0582-0200
ISBN 3-428-08695-3

Gedruckt auf alterungsbeständigem (säurefreiem) Papier
entsprechend ISO 9706 ♾

Meinen Eltern

Vorwort

Die Arbeit lag im Wintersemester 1994 / 1995 der Humboldt-Universität zu Berlin als Dissertation vor.

Mein besonderer Dank gilt Prof. Dr. Ulrich Battis, der die Arbeit betreut sowie das Erstgutachten erstellt hat und dem ich wertvolle Anregungen zur vorliegenden Arbeit verdanke.

Ebenso bedanke ich mich herzlich bei Prof. Dr. Johannes Hager für die Erstellung des Zweitgutachtens sowie die Möglichkeit der Mitarbeit an seinem Lehrstuhl während der Erstellung der Dissertation.

Frau Alexandra Karas danke ich für ihre ständige Diskussionsbereitschaft. Schließlich bedanke ich mich bei meinen Geschwistern Hans Ellenbeck und Susanne Ellenbeck-Frieg für ihre Mithilfe bei der Durchsicht des Manuskripts.

Troisdorf im Mai 1995

Frank Ellenbeck

Inhaltsverzeichnis

Drittes Kapitel

Der Betriebsrat als teilrechtsfähiges Subjekt im Sinne von Art. 19 III GG

Viertes Kapitel

Die abstrakte Grundrechtsfähigkeit des Betriebsrats nach Art. 19 III GG

Fünftes Kapitel

Die konkret auf den Betriebsrat anwendbaren Grundrechte

Sechstes Kapitel

Sonderfragen

Einführung

Trotz der Zugehörigkeit des Individualarbeitsrechts zum Privatrecht ist jenes sowohl in der Rechtsprechung des BAG als auch des BVerfG zum Gegenstand intensiver Anwendung der Grundrechte geworden[1]. Der Gesetzgeber hat dieser Grundrechtsrelevanz Rechnung getragen und grundrechtliche Vorgaben unmittelbar in das Rechtsverhältnis von Arbeitgeber und Arbeitnehmer einbezogen, vgl. nur die §§ 611a, 612 III BGB für den Gleichbehandlungsgrundsatz aus Art. 3 II GG.

Im Betriebsverfassungsrecht wird die Rolle der Grundrechte ausdrücklich in § 75 BetrVG hervorgehoben, welcher Arbeitgeber und Betriebsrat verpflichtet, die Grundrechtspositionen der Arbeitnehmer zu schützen bzw. zu fördern.

Entscheidende Bedeutung für die Grundrechte der Arbeitnehmer haben jedoch die durch das BetrVG dem Betriebsrat eingeräumten Mitbestimmungsrechte selbst; sie erweisen sich als ein wichtiges Mittel zur Wahrnehmung der Menschenwürde und der Persönlichkeitsentfaltung[2], knüpfen also unmittelbar an verfassungsrechtlich verbürgte Rechte an. Mit diesen Rechten sind dem Betriebsrat die Instrumente an die Hand gegeben, den Grundrechten der Arbeitnehmer gegenüber dem Arbeitgeber Geltung zu verschaffen, ihnen kommt also maßgeblich die Aufgabe zu, die Schutzfunktion des Betriebsverfassungsrechts zu realisieren[3].

Diese grundrechtsrelevante Aufgabenstellung lenkt den Blick auf eine eigene Grundrechtsfähigkeit des Betriebsrats als Institution des BetrVG. Die Frage der Grundrechtsfähigkeit des Betriebsrats steht dabei im engen Zusammenhang mit der betriebsverfassungsrechtlichen Rechtsstellung des Betriebsrats. Dieses sei anhand einiger Beispiele verdeutlicht:

---

[1] Vgl. den Überblick bei *Gamillscheg*, Die Grundrechte im Arbeitsrecht, 1990, S. 37-71.

[2] So das BVerfG für die Mitbestimmungsrechte des Personalrats, vgl. BVerfGE 28, 314, 323; 51, 43, 58.

[3] *Hueck / Nipperdey*, Bd. II / 1, 7. Aufl., S. 26; *Thiele* in: GK-BetrVG (4. Aufl.), Einl. S. 27 ff.

Nach § 74 II 3 BetrVG haben Arbeitgeber und Betriebsrat jede parteipolitische Betätigung zu unterlassen. Mit dieser Unterlassungspflicht korrespondiert ein auf zukünftiges Verhalten gerichteter Unterlassungsanspruch der jeweils anderen Seite[4]. Entsprechend einer Entscheidung des BVerfG ist dieses Verbot jedoch unter der wertsetzenden Bedeutung der Meinungsfreiheit aus Art. 5 I 1 GG auszulegen.[5]. Diese Wechselwirkung[6], d.h. also die Ausstrahlung von Art. 5 I GG auf den Tatbestand des § 74 II BetrVG, setzt aber auch voraus, daß ein Grundrechtssubjekt vorhanden ist. Dabei behilft sich die Rechtsprechung mit einem Rückgriff auf die Rechte der einzelnen Betriebsratsmitglieder[7], konsequenter erscheint es jedoch, hier nach einer Grundrechtsfähigkeit des Betriebsrats selbst zu fragen. Dort, wo es im Zusammenhang mit einem Beschluß des Betriebsrats oder mit der Herausgabe eines Informationsblattes durch den Betriebsrat um eine vermeintlich unzulässige politische Betätigung des Betriebsrats geht, sollte auch bei der Frage einer durch Art. 5 I 1 GG gebotenen einschränkenden Auslegung von § 74 II 3 BetrVG die Meinungsfreiheit des Betriebsrats als *Organ* in den Blick genommen werden. Dieses muß schon um so mehr gelten, als auch die Rechtsfolgen eines Verstoßes gegen § 74 II 3 BetrVG den Betriebsrat als Organ treffen können[8].

§ 80 II BetrVG räumt dem Betriebsrat gegenüber dem Arbeitgeber einen Anspruch auf rechtzeitige und umfassende Unterrichtung ein. In diesem Zusammenhang ist unklar, ob dem Betriebsrat nicht auch allgemein ein Recht zur Selbstbeschaffung von Informationen im Rahmen seiner Aufgabenerfüllung einzuräumen ist[9]. Grundlage einer solchen Informationsfreiheit könnte wiederum Art. 5 I Satz 1 GG sein.

Schließlich gesteht die h.M auf der Grundlage von § 40 BetrVG dem Betriebsrat das Hausrecht an den ihm vom Arbeitgeber überlassenen Räumen zu[10]. Fraglich ist hier, ob ein solches Hausrecht auch im Hinblick auf das

---

[4] BAG in AP Nr. 3, Bl. 2 zu § 74 BetrVG; *Dietz / Richardi* § 74 Rn. 69; *Fitting / Auffarth / Kaiser / Heither* § 74 Rn. 18; *Kreutz* in: GK-BetrVG, § 74 Rn. 111.

[5] BVerfGE 42, 133, 141.

[6] Zum Begriff der Wechselwirkung siehe BVerfGE 7, 198, 208.

[7] So BVerfGE 42, 133, 139 ff.; BAG AP Nr. 5, Bl. 1 R zu § 74 BetrVG.

[8] Siehe § 23 I Satz 1 BetrVG sowie den bereits angesprochenen Unterlassungsanspruch.

[9] So beispielsweise *Dietz / Richardi* § 80 Rn. 42, wohl ablehnend *Kraft* in: GK-BetrVG, § 80 Rn. 53.

[10] *Fitting / Auffarth / Kaiser / Heither* § 40 Rn. 40; *Blanke* in: D. / K. / K. / S., § 40 Rn. 45; *Wiese* in: GK-BetrVG, § 40 Rn. 69; a.A *Hess / Schlochauer / Glaubitz* § 42 Rn. 34.

Grundrecht der Unverletzlichkeit der Wohnung nach Art. 13 GG von Bedeutung ist. Dabei geht es nicht nur um einen möglichen Interessenkonflikt zwischen Betriebsrat und Arbeitgeber, vielmehr könnte diese Frage auch im Verhältnis zwischen Betriebsrat und Dritten Auswirkungen entfalten.

Als wichtigste Konsequenz einer Grundrechtsfähigkeit des Betriebsrats ergibt sich dessen Berechtigung, gemäß Art. 93 I Nr. 4a GG eine Verfassungsbeschwerde zu erheben. So hat sich das BVerfG auch schon mehrfach im Zusammenhang mit Verfassungsbeschwerden von Personalräten mit der Problemstellung beschäftigt, brauchte die Frage der Grundrechtsfähigkeit aber im konkreten Fall jeweils nicht zu entscheiden[11].

Bedeutung käme einer Grundrechtsfähigkeit des Betriebsrats aber insbesondere auch unter dem Gesichtspunkt der mittelbaren Drittwirkung der Grundrechte[12] im Verhältnis zum Arbeitgeber zu. In diesem Zusammenhang müßten Grundrechtspositionen des Betriebsrats bei der Auslegung der betriebsverfassungsrechtlichen Generalklauseln[13], also beispielsweise der §§ 2 I, 74 oder 78 BetrVG, von den Arbeitsgerichten beachtet werden.

---

[11] BVerfGE 28, 314, 323; 51, 77, 86 f.; zuletzt BVerfGE 85, 360, 370; vgl. im einzelnen den Überblick bei *Dütz*, Der Grundrechtsschutz von Betriebsräten und Personalvertretungen, 1986, S. 17-22.

[12] Daß die Grundrechte unter den Privatrechtssubjekten eine mittelbare Drittwirkung entfalten, wird heute überwiegend anerkannt, vgl. BVerfGE 73, 261, 269; 81, 242, 256; 84, 192, 194 f.; *Dürig* in: Maunz / Dürig, Art. 1 III Rn. 129 ff.; *Stern*, Staatsrecht III / 1, S. 1572 ff.; *Hesse*, Grundzüge des Verfassungsrechts der Bundesrepublik Deutschland, Rn. 353 ff.; für eine unmittelbare Wirkung der Grundrechte im Privatrecht zuletzt wieder *Hager*, JZ 1994, 373 ff.

[13] Zur Einwirkung der Grundrechte auf die Generalklauseln des Zivilrechts im Rahmen der mittelbaren Drittwirkung siehe BVerfGE 7, 198, 204 ff.; 14, 263, 277 f.; 24, 278, 282.

Erstes Kapitel

Art. 19 III GG als Grundlage der Untersuchung

Stellt man die Frage nach einer möglichen Grundrechtsfähigkeit des Betriebsrats, so kann die Antwort nur im Rahmen von Art. 19 III GG gefunden werden: hier geht es um die Grundrechtsfähigkeit eines – untechnisch gesprochen – Kollektivorgans, einer Institution des Betriebsverfassungsrechts und damit um eine nicht natürliche Person. In diesem Zusammenhang spielt es insbesondere auch keine Rolle, inwieweit den Mitgliedern des Betriebsrats als natürlichen Personen bei der Wahrnehmung ihrer Amtstätigkeit Grundrechte zustehen können[1]. Entscheidend ist allein, ob der Betriebsrat als *Organisation* sich auf Grundrechte berufen kann, wofür die Norm des Art. 19 III GG maßgeblich ist.

Deshalb ist es zunächst erforderlich, auf die Bedeutung von Art. 19 III GG einzugehen.

A. Die Funktion von Art. 19 III GG – die juristische Person als Grundrechtsträger

Lange Zeit war die Rechtslehre gespalten, ob der juristischen Person selbst durch Art. 19 III GG die Grundrechtsträgerschaft zukommmt[2], oder ob sie lediglich als Treuhänderin der hinter ihr stehenden natürlichen Personen deren Grundrechte wahrnimmt[3]. Heute kann es als gesicherte Erkenntnis angesehen werden, daß die juristische Person selbst als Trägerin der Grundrechte bezeich-

---

[1] Vgl. hierzu BVerfGE 51, 77, 87 hinsichtlich der Mitglieder eines Personalrats.

[2] So *von Mutius* in: BK, Art. 19 Abs. 3 Rn. 29 ff.

[3] So noch *Dürig* in: Maunz / Dürig (Erstbearbeitung), Art. 19 Abs. III Rn. 1 ff.

net werden muß[4], wenn auch der personale Hintergrund überwiegend noch als entscheidende Legitimation der Grundrechtsfähigkeit gesehen wird[5].

Von der eigenständigen Grundrechtsfähigkeit der juristischen Person scheint auch das BVerfG auszugehen[6], wenn es auch zunächst mit der Rekurrierung auf den Begriff des „Durchgriffs" für Mißverständnisse gesorgt hat[7]. Nicht zuletzt ist für diese Erkenntnis ausschlaggebend, daß allein durch Anerkennung der eigenen Grundrechtssubjektivität der juristischen Person dem sonst kaum lösbaren Grundrechtskonflikt zwischen der Mehrheit und der Minderheit der hinter der juristischen Person stehenden natürlichen Personen, die den Gesamtverband tragen, vorgebeugt werden kann[8].

B. Der Begriff der juristischen Person bei Art. 19 III GG

I. Der Begriff der juristischen Person im Zivilrecht

Der Wortlaut von Art. 19 III GG geht vom Rechtsbegriff der juristischen Person aus. Ohne auf den seit jeher bestehenden Streit um die Rechtsfigur der juristischen Person in der zivilrechtlichen Literatur[9] sowie deren vielfältige Erscheinungsformen im Rahmen dieser Arbeit eingehen zu können, kann der Begriff der juristischen Person mit der heute herrschenden Meinung als eine Zusammenfassung von Personen oder Sachen zu einer rechtlich geregelten Orga-

---

[4] *Bethge*, Die Grundrechtsberechtigung juristischer Personen nach Art. 19 Abs. 3 Grundgesetz, 1985, S. 15 und 25; *Rüfner* in: Isensee / Kirchhof, HdbStR, Bd V, § 116 Rn. 31; *von Mutius* in: BK, Art. 19 Abs. 3 Rn. 33; nun auch *Dürig* in: Maunz / Dürig (Zweitbearbeitung), Art. 19 Abs. III Rn. 2; *Krebs* in: von Münch / Kunig Art. 19 Rn. 7; *Zimmermann*, Der grundrechtliche Schutzanspruch juristischer Personen des öffentlichen Rechts, 1993, S. 70 ff.

[5] *Dürig* in: Maunz / Dürig, Art. 19 Abs. III Rn. 3; *Bethge*, Die Grundrechtsberechtigung juristischer Personen nach Art. 19 Abs. 3 Grundgesetz, 1985, S. 25; *Stern*, Staatsrecht III / 1, S. 1086 ff., 1102, 1118 f.

[6] Siehe hierzu insbesondere BVerfGE 3, 383, 391 und 24, 367, 383.

[7] Vgl. BVerfGE 21, 362, 369; so spricht das Gericht in neuerer Zeit auch vom „Durchblick", vgl. BVerfGE 61, 82, 101.

[8] *Bethge* (Fn. 5), S. 28; *von Mutius* in: BK, Art. 19 Abs. 3 Rn. 62.

[9] Zur geschichtlichen Entwicklung des Theorienstreits um das Wesen der juristischen Person vgl. die Darstellung bei *Dietmair*, Die juristische Grundrechtsperson des Art. 19 Abs. 3 GG im Licht der geschichtlichen Entwicklung, 1988, S. 68 ff.

nisation, der die Rechtsordnung Rechtsfähigkeit verliehen hat[10], umschrieben werden. Dabei wird grundsätzlich davon ausgegangen, daß es sich um eine umfassende Rechtsfähigkeit handelt, d.h., daß der juristischen Person alle Rechte und Rechtsstellungen offenstehen, soweit diese nicht die menschliche Natur ihres Trägers voraussetzen[11].

Vor diesem Hintergrund wäre die Grundrechtssubjektivität des Betriebsrats schon tatbestandlich ausgeschlossen: unabhängig von Art und Ausmaß der dem Betriebsrat im einzelnen durch das BetrVG eingeräumten Rechtsstellung, fehlt es jedenfalls an einer den §§ 21, 22 BGB, 1, 278 AktG oder 13 GmbHG entsprechenden Norm, die dem Betriebsrat jene umfassende Rechtsfähigkeit verleiht.

II. Die abweichende Interpretation des Begriffs der juristischen Person im Sinne von Art. 19 III GG

Das BVerfG hat jedoch – vor dem Hintergrund von Verfassungsbeschwerden offener Handelsgesellschaften und Kommanditgesellschaften – schon früh festgestellt, daß es im Hinblick auf den verfassungsrechtlichen Begriff der juristischen Person keiner umfassenden zivilrechtlichen Rechtsfähigkeit im geschilderten Sinn bedarf, sondern statt dessen auf die über die §§ 124 I, 161 II HGB vermittelte Trägerschaft allgemeiner Rechte[12] oder das Vorhandensein einer durch wirtschaftliche Interessen verbundenen Personemehrheit, die die Möglichkeit einer einheitlichen Willensbildung und Willensverwirklichung besitzt, abgestellt[13]. Eine weitergehende Konkretisierung dieser Anforderungen im Hinblick auf den Begriff der juristischen Person erfolgte im weiteren nicht mehr.

Etwas eingehender hat sich das OVG München mit dieser Frage beschäftigt und festgestellt, daß auch solche Vereinigungen, die keine eigene Rechtspersönlichkeit besitzen, Träger von Grundrechten sein können, wenn sie nach ihrer

---

[10] *Palandt / Heinrichs*, Einf. vor § 21 Rn. 1; ähnlich MünchKomm / *Reuter* vor § 21 Rn. 2; siehe auch BGHZ 25, 134, 144.

[11] *Wiedemann*, Gesellschaftsrecht I, S. 208; *Palandt / Heinrichs* vor § 21 Rn. 8.

[12] So BVerfGE 4, 7, 12.

[13] So BVerfGE 10, 89, 99.

Struktur festgefügt und auf eine gewisse Dauer angelegt sind, ähnlich den nichtrechtsfähigen Vereinen oder Gesellschaften des bürgerlichen Rechts[14].

Auch in der verfassungsrechtlichen Literatur besteht Einigkeit darüber, daß der rein zivilrechtliche Begriff der juristischen Person bei der Auslegung von Art. 19 III GG nicht zugrunde zu legen ist, wenn auch die Ansätze im Hinblick auf die positive Bestimmung des Begriffs der juristischen Person im Sinne der Norm auseinandergehen.

Dürig[15] sieht jeden von der Rechtsordnung anerkannten und rechtlich verselbständigten Zusammenschluß von Personen als grundrechtsfähig an, der von der Rechtsordnung als Zuordnungssubjekt für eigene Rechte und Pflichten konstituiert ist.

Nach von Mutius[16] ist unter der juristischen Person im Sinne von Art. 19 III GG eine auf Dauer angelegte, willens- und interessenfähige soziale Gruppe oder Sachwertgesamtheit, welche in der Gesellschaft bestimmte Gliedfunktionen erfüllt und die zumindest Teilrechtsfähigkeit besitzt, zu verstehen.

Suhr[17] versteht die juristische Person im Sinne von Art. 19 III GG als eine organisierte, durch gemeinsame Willensbildung handlungsfähig verfaßte Kollektivität.

Für Achterberg[18] ist das entscheidende Merkmal in der Existenz eines Rechtsverhältnisses zu sehen, welches zwischen dem Staat und der nichtrechtsfähigen Personenmehrheit besteht.

Demgegenüber will schließlich Ladeur[19] auf das Erfordernis der Teilrechtsfähigkeit der jeweiligen Organisation völlig verzichten. Statt dessen soll es für die Grundrechtsfähigkeit ausreichen, daß ein organisiertes Kollektiv im Sinne einer Institutionalisierung von Handlungen vorliegt.

---

[14] OVG München in NJW 1984, 2116.

[15] *Dürig* in: Maunz / Dürig, Art. 19 Abs. III Rn. 8.

[16] *von Mutius* in: BK, Art. 19 Abs. 3 Rn. 43 f.

[17] *Suhr*, Entfaltung der Menschen durch die Menschen, 1976, S. 165 ff., 180; ebenso *Dietmair*, Die juristische Grundrechtsperson des Art. 19 Abs. 3 GG im Licht der geschichtlichen Entwicklung, 1988, S. 3.

[18] *Achterberg*, Gedächtnisschrift für F. Klein, 1977, S. 1, 32 ff.

[19] *Ladeur* in: AK-GG, Art. 19 Abs. 3 Rn. 28; ebenso *Jarass / Pieroth*, Art. 19 Rn. 14.

III. Zusammenfassung

Faßt man Rechtsprechung und Literatur zusammen, so lassen sich hinsichtlich der Bedeutung des Tatbestandsmerkmals der juristischen Person im Sinne von Art. 19 III GG folgende Grundaussagen treffen:

a) Zunächst fallen alle juristischen Personen im rechtstechnischen Sinne, seien sie zivilrechtlich oder öffentlich-rechtlich, seien sie Personenmehrheiten oder Sachwertgesamtheiten, unter den Begriff der juristischen Person[20]. Darüber hinaus ergibt sich für all jene Organisationseinheiten unterhalb der Schwelle der juristischen Person im rechtstechnischen Sinne, daß im Hinblick auf die Verwendung dieses Rechtsbegriffs in Art. 19 III GG zwei Anforderungen an die potentielle Grundrechtsperson zu stellen sind.

b) Für diejenigen Personenmehrheiten, die rechtstechnisch gesehen keine juristischen Personen sind, ist für die Anerkennung als Grundrechtsperson im Sinne von Art. 19 III GG zunächst erforderlich, daß überhaupt eine *verselbständigte Organisationseinheit* vorhanden ist. Hier geht es also darum, daß bestimmte innerorganisatorische Anforderungen von der potentiellen Grundrechtsperson erfüllt werden müssen. Denn Personenmehrheiten mit fehlender oder bloß lockerer Organisiertheit ohne eigene Verselbständigung, wie zum Beispiel Spontanzusammenkünfte und Zufallsgemeinschaften, fallen im Hinblick auf die Verwendung des Begriffs der juristischen Person aus dem Anwendungsbereich von Art. 19 III GG[21]. Für die in dieser Arbeit aufgeworfene Frage gilt es also zunächst, diese innerorganisatorischen Anforderungen herauszuarbeiten und auf den Betriebsrat anzuwenden[22].

c) Das zweite Erfordernis für die potentiellen Grundrechtspersonen, die rechtstechnisch keine juristischen Personen sind, stellt die *Teilrechtsfähigkeit* dar. Entscheidend hierfür ist die Erkenntnis, daß erst durch die Zuweisung einer zumindest partiellen Rechtsfähigkeit ein Ansatzpunkt für die Grundrechtssubjektivität geschaffen wird. Mit der Bezugnahme auf den in seiner Rechtstechnizität vorgegebenen Begriff der juristischen Person bringt Art. 19 III GG näm-

---

[20] Eine Ausdifferenzierung einzelner juristischer Personen aus dem Anwendungsbereich von Art. 19 III GG kann also nur auf der Ebene des Wesensbegriffs der Norm erfolgen, vgl. *Stern*, Staatsrecht III / 1, S. 1109.

[21] *von Mutius* in: BK, Art. 19 Abs. 3 Rn. 73; *ders.*, Jura 1983, 30, 38; *Beyer*, Zur Beschwerdebefugnis von Verbänden wegen Grundrechtsverletzungen, 1976, S. 96; *Stern*, Staatsrecht III / 1, S. 1134.

[22] Siehe unten im 2. Kapitel.

lich deutlich zum Ausdruck, daß das Bestehen der vom einfachen Gesetzgeber vorgegebenen Kompetenzen Voraussetzung einer Grundrechtssubjektivität ist, eine vorfindliche Rechtsfähigkeit also grundrechtlich verstärkt werden soll[23]. Die Gegenmeinung[24] muß sich den Einwand des Verlustes jeglicher Konturen zur Bemessung von Umfang und Inhalt der möglichen Grundrechtsfähigkeit sowie der Gefahr einer fehlenden Differenzierbarkeit zwischen bloß kummulativ wahrgenommenem Individualgrundrecht durch mehrere Personen und eigenständiger Grundrechtsausübung der Personenmehrheit selbst entgegenhalten lassen.

Allerdings bedürfen sowohl der Begriff der Teilrechtsfähigkeit selbst als auch seine Bedeutung, insbesondere seine inhaltlichen Anforderungen im Zusammenhang mit Art. 19 III GG, einer näheren Betrachtung, um hiermit konkrete Aussagen auf die mögliche Grundrechtsfähigkeit des Betriebsrats gewinnen zu können[25].

C. Die Bedeutung der Wesensklausel bei Art. 19 III GG

I. Die Problematik des Wesensbegriffs

Die Grundrechte sollen für juristische Personen nur dann gelten, soweit sie ihrem Wesen nach auf diese anwendbar sind. Die Wesensklausel des Art. 19 III GG ist unbestritten der Schlüssel zum Verständnis dieser Norm[26], wenn es auch bislang nicht zu einer abschließenden Interpretation gekommen ist, was mit dem kaum faßbaren Begriff des „Wesens" zusammenhängt[27].

Unbestritten ist, daß Art. 19 III GG den zivilrechtlichen Streit um die Rechtsnatur der juristischen Person nicht auf der Ebene des Verfassungsrechts fortführen will, das Wesen der juristischen Person allein also nicht gemeint sein kann[28]. Ebenso spielt auch der Wesensgehalt der Grundrechte im Sinne von

---

[23] *Krebs* in: von Münch / Kunig, Art. 19 Rn. 31; *Pieroth / Schlink*, Grundrechte – Staatsrecht II, Rn. 176.

[24] Siehe die Nachweise in Fn. 19.

[25] Siehe unten im 3. Kapitel.

[26] *Stern*, Staatsrecht III / 1, S. 1110.

[27] *Scheuerle*, AcP 163 (1964), S. 429 ff., 471, lehnt ihn sogar als nicht rechtsstaatlich ab.

[28] *von Mutius* in: BK, Art. 19 Abs. 3, Rn. 23; *Bethge*, Die Grundrechtsberechtigung juristischer Personen nach Art. 19 Abs. 3 GG, 1985, S. 36; *Kau*, Vom Persönlichkeitsschutz zum Funktionsschutz, 1989, S. 42.

Art. 19 II GG nach einhelliger Auffassung für das Verständnis des Wesensbegriffs bei Art. 19 III GG keine Rolle, weil Art. 19 II GG auf den Schutz bestimmter Grundrechtsgehalte gerichtet ist, Art. 19 III GG demgegenüber als Grundrechtserstreckungsnorm fungiert[29].

Entscheidend für das Verständnis des Wesensbegriffs ist vielmehr, daß dieser auf zwei Ebenen Auswirkungen entfaltet: zum einen zwingt Art. 19 III GG zu Differenzierungen auf der Grundrechtsinhaltsseite[30], führt also zu bestimmten Anforderungen hinsichtlich der *konkreten* Grundrechtsfähigkeit. Dieses ist schon deshalb notwendig, weil ein Teil der Grundrechte nämlich von seinem Schutzbereich her nur auf natürliche Personen anwendbar ist, so beispielsweise die Art. 1, 6 und 16 GG. Zur Ermittlung dieser konkreten Grundrechtsfähigkeit wird in der Literatur überwiegend darauf abgestellt, ob das entsprechende Grundrecht kollektiv oder korporativ ausgeübt werden kann[31]. Für die juristische Person kann es deshalb immer nur eine partielle Grundrechtsfähigkeit geben[32].

Mit diesem konkreten Verständnis des Wesensbegriffs erschöpft sich Art. 19 III indes nicht, weil die schutzbereichsspezifischen Grenzen der Grundrechtsfähigkeit juristischer Personen schon aus den einzelnen Grundrechten selbst abgeleitet werden könnten[33]. Deshalb besteht Einigkeit darüber, daß die Wesensklausel schon auf einer vorgelagerten Ebene unter Berücksichtigung des Wesens der Grundrechte schlechthin zu einer Prüfung der generellen Tauglichkeit der juristischen Person als Grundrechtssubjekt und damit zu Differenzierungen auf der Grundrechtsträgerseite führt[34]. Über die an diese *abstrakte* Grundrechtsfähigkeit zu stellenden Anforderungen gehen die Meinungen aber auseinander.

---

[29] *Stern*, Staatsrecht III / 1, S. 1111; *von Mutius* in: BK, Art. 19 Abs. 3, Rn. 25; *Krebs* in: von Münch / Kunig, Art. 19 Rn. 37.

[30] *von Mutius*, Jura 1983, 30, 34.

[31] *Dürig* in: Maunz / Dürig, Art. 19 Abs. III, Rn. 32; *von Mutius* in: BK, Art. 19 Abs. 3 Rn. 156.

[32] *von Mutius*, Jura 1983, 30, 34.

[33] *Stern*, Staatsrecht III / 1, S. 1111; *Krebs* in: von Münch / Kunig, Art. 19 Rn. 34.

[34] *Dürig* in: Maunz / Dürig, Art. 19 Abs. III Rn. 5; *Rupp-von Brünneck*, in: Festschrift für A. Arndt, S. 349, 357; *von Mutius*, Jura 1983, 30, 34; *Krebs* in: von Münch / Kunig, Art. 19 Rn. 37.

II. Das Verständnis des abstrakten Wesensbegriffs in der Rechtsprechung des BVerfG und in der Literatur

1. Der Dualismus des BVerfG

Das BVerfG sieht die Bedeutung des Wesens der Grundrechte vor allem darin, einen Dualismus zwischen den juristischen Personen des Privatrechts und jenen des öffentlichen Rechts abzuleiten und aus deren Gegenüberstellung den Wesensbegriff bei Art. 19 III GG zu bestimmen[35]. Hierzu hat es den Grundsatz entwickelt, daß Art. 19 III GG eine Einbeziehung der juristischen Personen in den Schutzbereich der Grundrechte nur dann rechtfertige, wenn ihre Bildung und Betätigung Ausdruck der freien Entfaltung der natürlichen Personen sind, besonders wenn der Durchgriff auf die hinter den juristischen Personen stehenden Menschen dies als sinnvoll oder erforderlich erscheinen läßt[36].

Von diesem Grundsatz ausgehend bejaht das Gericht prinzipiell die abstrakte Grundrechtsfähigkeit von juristischen Personen des Privatrechts[37] und lehnt prinzipiell die Anwendung von Grundrechten auf juristische Personen des öffentlichen Rechts ab, weil bei letzteren allein die Erfüllung öffentlicher Aufgaben im Mittelpunkt stehe, die sich in aller Regel nicht in Wahrnehmung unabgeleiteter, ursprünglicher Freiheiten, sondern aufgrund von Kompetenzen, die vom Recht zugeordnet und inhaltlich begrenzt und bemessen seien, vollziehe[38].

Die prinzipielle Grundrechtsfähigkeit der juristischen Personen des Privatrechts folgt also aus deren prinzipieller Verfolgung privater Aufgaben, die prinzipielle Grundrechtsunfähigkeit der juristischen Personen des öffentlichen Rechts aus deren prinzipieller Verfolgung öffentlicher Aufgaben.

Von diesem Wesensverständnis ausgehend hat das BVerfG konsequent Ausnahmen zugunsten der Grundrechtsfähigkeit juristischer Personen des öffentlichen Rechts zugelassen, die den Bürgern auch zur Verwirklichung ihrer individuellen Grundrechte dienen und die als eigenständige, vom Staat distanzierte,

---

[35] Ständige Rechtsprechung seit BVerfGE 21, 362, 369.

[36] BVerfG, a.a.O.; bestätigt in BVerfGE 22, 153, 163; 41, 126, 149; zuletzt BVerfG in NJW 1990, 1783.

[37] Vgl. nur BVerfGE 39, 302, 312.

[38] So BVerfGE 61, 82, 101.

Einrichtungen bestehen. Dieses gilt für die Universitäten[39], die Rundfunkanstalten[40], die Kirchen[41], sowie die Landesinnungen der Orthopädietechniker im Bereich der Erfüllung freiwilliger Aufgaben im Sinne von § 54 II und III HandwO[42]. Gleichzeitig hat das Gericht vom selben Ansatz ausgehend bei bestimmten juristischen Personen des Privatrechts die Grundrechtsfähigkeit ausnahmsweise verneint. Zunächst hat es eine Aktiengesellschaft, deren alleiniger Aktionär eine Gebietskörperschaft war und die ausschließlich der gemeindlichen Daseinsvorsorge gewidmet war, nicht als grundrechtsfähig anerkannt[43]. Später hat es einer juristischen Person des Privatrechts, die sich ausschließlich aus Körperschaften des öffentlichen Rechts zusammensetzte, die ihrerseits auf die Wahrnehmung öffentlicher Aufgaben beschränkt waren, die Grundrechtsfähigkeit verweigert[44]. In den neueren Entscheidungen wird deutlich, daß das Gericht bei der Beantwortung der Frage der abstrakten Grundrechtsfähigkeit der juristischen Personen des öffentlichen Rechts aber entscheidend nicht mehr auf die Rechtsform als solche, sondern auf die Aufgabenwahrnehmung abstellt[45]. Dennoch geht das BVerfG nach wie vor von einer Regelvermutung für die abstrakte Grundrechtsfähigkeit der juristischen Personen des Privatrechts und gegen eine solche juristischer Personen des öffentlichen Rechts aus[46].

2. *Der Wesensbegriff nach der herrschenden Meinung in der Literatur*

Die aus der Gegenüberstellung von juristischer Person des Privatrechts und juristischer Person des öffentlichen Rechts entwickelte Bestimmung des Wesensbegriffs im Sinne von Art. 19 III GG erfolgt in Übereinstimmung mit dem

---

[39] BVerfGE 15, 256, 263 f.; 31, 314, 322; 45, 63, 79.

[40] Grundlegend BVerfGE 7, 198, 204 f. sowie 12, 205, 259 ff.; zuletzt BVerfGE 78, 101, 102.

[41] Zuerst in BVerfGE 19, 1, 5; danach bestätigt in BVerfGE 21, 362, 374; 30, 112, 119 f.; 53, 366, 386; 70, 138, 161.

[42] BVerfGE 70, 1, 15 ff.

[43] BVerfGE 45, 63, 80.

[44] BVerfGE 68, 193, 211 ff. für die Landesinnungsverbände des Zahntechnikerhandwerks.

[45] Vgl. BVerfGE 68, 193, 207 / 208; 70, 1, 15, 20; 75, 192, 197.

[46] Vgl. nur BVerfGE 75, 192, 196; darauf weisen auch *Koppensteiner*, NJW 1990, 3105, 3108 und *Schmidt-Aßmann*, Beilage 34 zu BB 1990 Heft 27, S. 1, 7 ff. hin; eine Ausnahme zu dieser Rechtsprechung stellt indes der Beschluß der 3. Kammer vom 6.5.1989 (NJW 1990, 1783) dar, der sich gegen eine Vermutung für die Grundrechtsfähigkeit juristischer Personen des Privatrechts ausspricht; darauf wird noch einzugehen sein, siehe unten im 4. Kapitel unter A II.

überwiegenden Teil der verfassungsrechtlichen Literatur[47]. Dabei werden von Stern weitergehende Konkretisierungen hinsichtlich der juristischen Personen des öffentlichen Rechts dahingehend entwickelt, daß diesen die Grundrechtsfähigkeit dann zugesprochen werden kann, wenn die Aufgaben- und Zweckerfüllung in der individuellen oder überindividuellen (gesellschaftlichen) Sphäre wurzelt und die öffentlich-rechtliche Rechtsform nur übergestülpt ist[48]. Zur Begründung für die grundsätzliche Vermutung zugunsten der juristischen Personen des Privatrechts wird darauf verwiesen, daß diese ihre Grundlage in der Privatautonomie besäßen, hinter ihnen also grundrechtlich geschützte Aktivität stecke, die auch in der neuen Rechtsgestalt grundrechtlich schutzwürdig sein müsse[49].

3. Abweichende Meinungen in der Literatur zum Wesensbegriff

Demgegenüber hat sich in der Literatur eine gegenläufige Interpretation des Wesensbegriffs herausgebildet, die – wenn auch von verschiedenen Ansätzen ausgehend – den Wesensbegriff nicht aus dem geschilderten Dualismus, sondern aus einem einheitlichen Begriff heraus, der für alle juristischen Personen zugrunde gelegt werden soll, versteht.

So hat schon Rupp-von Brünneck auf die Notwendigkeit einer Gleichbehandlung aller juristischen Personen hingewiesen[50], insoweit aber einen extrem individualistischen Wesensbegriff zugrunde gelegt und eine Grundrechtssubjektivität juristischen Personen nur dort zuerkannt, wo die Verwirklichung eines bestimmten Grundrechts der natürlichen Person allgemein die Existenz einer juristischen Person voraussetzt[51].

Als exponiertester Vetreter eines einheitlichen Wesensbegriffs ist von Mutius zu nennen. Nach ihm ist der Wesensbegriff über die Funktionen der Grund-

---

[47] Vgl. *Dürig* in: Maunz / Dürig, Art. 19 Abs. III Rn. 29 und 31; *Bethge*, Die Grundrechtsberechtigung juristischer Personen nach Art. 19 Abs. 3 Grundgesetz, 1985, S. 36 ff.; *Badura*, DÖV 1990, 353, 359; *Koppensteiner*, NJW 1990, 3105, 3108; *Schmidt-Aßmann*, Beilage 34 zu BB 1990 Heft 27, S. 1, 7 und 10, der den „unverzichtbaren materiellen Sicherungszweck" der Differenzierung betont.

[48] *Stern*, Staatsrecht III / 1, S. 1114 / 1115; ihm folgend *Badura*, DÖV 1990, 353, 361.

[49] *Dürig* in: Maunz / Dürig, Art. 19 Abs. III, Rn. 6; *Bethge* (Fn. 47), S. 67; *Stern*, Staatsrecht III / 1, S. 1118 ff.

[50] *Rupp-von Brünneck* in: Festschrift für A. Arndt, S. 349, 370.

[51] *Rupp-von Brünneck* in: Festschrift für A. Arndt, S. 349, 360 / 361.

rechte als Abwehr-, Teilhabe-, Leistungsrechte sowie Elemente objektiver Wertordnung zu verstehen[52]. Juristischen Personen soll demnach ein Grundrechtsschutz zukommen, wenn sie sich im Hinblick auf diese verschiedenen Grundrechtsfunktionen in der gleichen grundrechtstypischen Gefährdungslage befinden wie natürliche Personen, ohne daß es darauf ankommen soll, ob die Interessen der hinter der juristischen Person stehenden Einzelmenschen ihren Grundrechtsschutz erfordern[53]. Dieses soll sowohl für juristische Personen des Privatrechts als auch für jene des öffentlichen Rechts gelten[54].

III. Ausblick

Für die mit dieser Arbeit aufgeworfene Problemstellung wird zunächst im Rahmen der abstrakten Grundrechtsfähigkeit näher zu untersuchen sein, ob sich mit dem dualistischen Ansatz der herrschenden Meinung die Frage der wesensmäßigen Anwendung der Grundrechte auf den Betriebsrat beantworten läßt. Insoweit bedürfen die Besonderheiten, die sich aus der betriebverfassungsrechtlichen Rechtstellung des Betriebsrats ergeben, aber auch die mit Differenzierung zwischen öffentlichen und privaten Rechtsformen bzw. Aufgaben zusammenhängen, einer eingehenden Betrachtung.[55]

Im weiteren wird dann zu prüfen sein, welche Auswirkungen sich hieraus auf die konkrete Grundrechtsfähigkeit des Betriebsrats ergeben und welche einzelnen Grundrechte für den Betriebsrat in Betracht zu ziehen sind[56].

---

[52] *von Mutius* in: BK, Art. 19 III Rn. 37, 114.

[53] a.a.O.; *ders.* in Jura 1983, 30, 35.

[54] a.a.O.

[55] Siehe unten im 4. Kapitel unter A.

[56] Siehe unten im 5. Kapitel.

Zweites Kapitel

Der Betriebsrat als verselbständigte Organisationseinheit im Sinne von Art. 19 III GG

A. Die Anforderungen des Art. 19 III GG an die Innensphäre der Grundrechtsperson

I. Die Kollektivitätsformen des Grundgesetzes – das Stufenverhältnis der Art. 8, 9 und 19 III GG

Für die Beantwortung der Frage, welche organisationsrechtlichen Anforderungen an Personenmehrheiten, die den Grundrechtsschutz von Art. 19 III GG in Anspruch nehmen wollen, zu stellen sind, muß zunächst die von der Verfassung selbst getroffene Differenzierung zwischen den verschiedenen Formen grundrechtlicher Kollektivität in den Blick genommen werden. Insoweit kann – bezogen auf den Grad der inneren Verdichtung – das Bestehen eines Stufenverhältnisses zwischen den Grundrechten der Art. 8, 9 und 19 III GG festgestellt werden.

1. Art. 8 GG – die Versammlungsfreiheit

Auf der untersten Stufe verfassungsrechtlich relevanter Kollektivität steht dabei Art. 8 GG.

Der Begriff der Versammlung steht hier für ein nicht organisiertes, bloßes Gruppenverhältnis[1]. Dennoch besitzt diese Personenmehrheit schon eine eigene Identität, die sich aus der Verbundenheit zu einem gemeinsamen Zweck ergibt[2]. Diese innere Verbundenheit fungiert hier also als primitivste Form ver-

---

[1] *Scholz*, Koalitionsfreiheit als Verfassungsproblem, 1971, S. 127.

[2] Das Erfordernis dieser inneren Verbundenheit der Personenmehrheit für den Versammlungsbegriff ist unumstritten, vgl. BVerfGE 69, 315, 344 ff.; *Herzog* in: Maunz / Dürig, Art. 8 Rn. 39 ff.; *Gusy*, JuS 1986, 608; *Jarass / Pieroth* Art. 8 Rn. 2; streitig ist allein, ob darüber hinaus als Zweck

fassungsrechtlich bedeutsamer Kollektivität[3], die dabei im soziologischen Sinn als ein Verhältnis tatsächlicher Gruppen- und Verbandsbildung zu verstehen ist[4]. Auf die Qualität der Grundrechtswahrnehmung wirkt sie sich indes nicht aus, in der Versammlung nehmen die Teilnehmer selbst eben nur ihr Individualgrundrecht gemeinsam wahr[5].

Art. 8 GG hat damit also nicht die Versammlung als solche im Auge, sondern ausschließlich die Menschen, die eine Versammlung veranstalten bzw. leiten oder die an ihr teilnehmen[6]. Daran ändert auch die einfach-gesetzliche Ausgestaltung der Versammlungsfreiheit durch das Versammlungsgesetz nichts. Soweit hier nämlich im Hinblick auf das Veranstaltungs- und Leitungserfordernis von dem Modell einer „organisierten" Versammlung ausgegangen wird, sollen lediglich Kollisionslagen von Veranstalter- und Teilnehmerrechten sowie die Freiheit der Mitbeteiligten gegeneinander abgegrenzt werden, ohne daß es aber zu einer Organisation von Willensbildungsprozessen kommt[7].

2. Art. 9 I GG – die Vereinigungsfreiheit

Eine Steigerung im Kollektivierungsgrad stellt Art. 9 I GG dar. Die Vereinigungsfreiheit setzt gegenüber der Versammlungsfreiheit nämlich das Bestehen eines Vereins oder einer Gesellschaft voraus und stellt hierdurch schon vom Wortlaut her gesteigerte Anforderungen an die innere Verbundenheit der Grundrechtsträger. Als „Dauerverband" wird Art. 9 I GG vom bloßen „Augenblicksverband" des Art. 8 GG abgegrenzt, wobei hier als Abgrenzungskriterium ein Mindestmaß an zeitlicher und organisatorischer Stabilität genannt wird[8].

---

der Versammlung die Bildung und Äußerung von Meinungen zu fordern ist, so *Kunig* in: von Münch / Kunig, Art. 8 Rn. 14; ausführlich hierzu *Kloepfer* in: Isensee / Kirchhof, HdbStR VI, § 143 Rn. 16 ff.

[3] Mit Art. 8 GG insoweit verwandt ist das Grundrecht aus Art. 17 GG, demzufolge jedem Bürger das Recht auf Petitionen einzeln oder in Gemeinschaft zusteht, vgl. *Scholz*, Koalitionsfreiheit als Verfassungsproblem, 1971, S. 127.

[4] *Scholz*, Koalitionsfreiheit (Fn. 3), S. 132.

[5] *Gusy*, JuS 1986, 608, 610.

[6] *Herzog* in: Maunz / Dürig, Art. 8 Rn. 36.

[7] *Kloepfer* in: Isensee / Kirchhof, HdbStR VI, § 143 Rn. 32; *Gusy*, JuS 1986, 608, 610.

[8] *Rinken* in: AK-GG, Art. 9 Abs. 1 Rn. 49.

Allerdings sind nach überwiegender Meinung nur geringe Anforderungen an dieses Wesensmerkmal zu stellen[9], insbesondere ist das in § 2 VereinsG gestellte Erfordernis der organisierten Willensbildung für den verfassungsrechtlichen Begriff der Vereinigungsfreiheit gerade nicht maßgebend[10]. Dies zeigt sich beispielsweise an der Anwendung von Art. 9 I GG auf losere Vereinigungen, wie die Bürgerinitiativen[11]. Auf das Vorhandensein eines Organes oder einer Satzung kommt es bei Art. 9 I GG also gerade nicht an[12].

Unumstritten gewährt Art. 9 I GG damit das Individualrecht eines jeden, sich in Vereinen und Gesellschaften zusammenzuschließen und schützt damit eine *sich organisierende* Personengruppe[13].

Auch soweit darüber hinaus aus dieser Norm der verfassungsrechtliche Schutz der Vereinsbetätigung im Sinne eines Rechts auf Entstehen und Bestehen abgeleitet wird[14], geht es nur um den Schutz dieses Kollektivierungsprozesses, ohne daß hieraus gesteigerte Anforderungen an die Intensität der kollektiven Verdichtung der Individuen abgeleitet werden.

3. Art. 19 III GG – die juristische Person

An der Spitze des Stufenverhältnisses steht schließlich Art. 19 III GG, der vom Begriff der juristischen Person ausgeht und dieser selbst Grundrechtsfähigkeit verleiht. Daß mit diesem Begriff eine irgendwie geartete Rechtsfähigkeit verbunden ist, wurde bereits angesprochen[15]. In Gegenüberstellung zum Grundrecht aus Art. 9 I GG läßt sich hieraus aber auch eine gesteigerte Form der

---

[9] *Scholz* in: Maunz / Dürig, Art. 9 Rn. 65, 67; *von Mutius*, Jura 1984, 193, 195.

[10] *Löwer* in: von Münch / Kunig, Art. 9 Rn. 29; *Ramm*, Gedächtnisschrift für J. Rödig, 1978, S. 229, 232, der zutreffend darauf verweist, daß die höherrangige Norm nicht von der niederrangigen bestimmt werden darf.

[11] Vgl. *Merten* in: Isensee / Kirchhof, HdbStR VI, § 144 Rn. 36; *Löwer* in: von Münch / Kunig, Art. 9 Rn. 31.

[12] *von Mangoldt / Klein* Art. 9 Anm. III 6a; *Löwer* in: von Münch / Kunig, Art. 9 Rn. 29.

[13] *Scholz*, Koalitionsfreiheit als Verfassungsproblem, 1971, S. 140.

[14] So die Lehre vom Doppelgrundrecht, vgl. die std. Rspr. des BVerfG seit BVerfGE 13, 174, 175; *Hesse*, Grundzüge des Verfassungsrechts der Bundesrepublik Deutschland, Rn. 410; *Löwer* in: von Münch / Kunig, Art. 9 Rn. 32; ablehnend *Pieroth / Schlink*, Grundrechte – Staatsrecht II, Rn. 821; *Isensee* in: Isensee / Kirchhof, HdbStR V, § 118 Rn. 65; *von Mutius* in: BK, Art. 19 Abs. 3 Rn. 35.

[15] Siehe oben im 1. Kapitel unter B III.

Kollektivität auf der inneren Seite der Personenmehrheit ableiten. Art. 19 III GG knüpft an die organisatorische Verselbständigung des gebildeten Kollektivs an und verlangt somit eine vom Individuum gelöste Einheit, für die das Vorhandensein einer Struktur charakteristisch ist[16]. Art. 19 III GG stellt damit über Art. 9 I GG hinausgehend auf einen *organisations-rechtlichen Zustand* ab[17], so daß es zumindest in dieser Hinsicht ungenau ist, ihn bloß als „Verlängerung" der Garantien aus Art. 9 I GG zu verstehen[18]. Der Anwendungsbereich von Art. 19 III GG ist damit enger, doch geht diese Vorschrift rechtstheoretisch durch die Lösung der Vereinigung vom Individuum über die individualistische Rechts- und Gesellschaftsordnung hinaus und ist daher die eigentliche verfassungsrechtliche Grundlage des kollektiven Liberalismus[19].

II. Die Auswirkungen auf die an die potentielle Grundrechtsperson zu stellenden Anforderungen

1. Die hinter der Grundrechtsperson stehende Personenmehrheit

Entscheidend ist zunächst, daß überhaupt eine als kollektive Einheit identifizierbare Personenmehrheit besteht. Hier müssen die in Art. 8 GG vorgesehenen Mindestanforderungen auch im Rahmen von Art. 19 III GG gelten, da es in beiden Fällen um Ausübungsrechte von Personenmehrheiten geht[20].

Darüber hinaus kann aber festgestellt werden, daß es nicht auf das Vorhandensein einer rechtlich begründeten Verbindung der einzelnen Individuen untereinander, insbesondere also deren privatautonomer Verbindung zur Personenmehrheit, ankommt. Ausreichend ist vielmehr allein die faktische, durch die

---

[16] *Rinken* in: AK-GG, Art. 9 Abs. 1 Rn. 40; *Ramm*, Die Freiheit der Willensbildung, 1960, S. 26 und 32; ähnlich auch *Bethge*, Die Grundrechtsberechtigung juristischer Personen nach Art. 19 Abs. 3 Grundgesetz, 1985, S. 40, der von einer – allerdings gegenüber Art. 8 GG – zu fordernden weitergehenden „normativen Verdichtung" spricht.

[17] *Scholz*, Koalitionsfreiheit (Fn. 13), S. 140.

[18] So freilich *Dürig* in: Maunz / Dürig, Art. 19 III Rn. 4.

[19] *Ramm*, Die Freiheit der Willensbildung, 1960, S. 32.

[20] *Scholz*, Koalitionsfreiheit (Fn. 13), S. 131. Gegen diese Aussage spricht auch nicht etwa die Anerkennung von Stiftungen und Anstalten als Grundrechtsträger, vgl. BVerfGE 46, 73, 83 für die privatrechtliche Stiftung und BVerfGE 59, 231, 254 f. für die öffentlich-rechtliche Rundfunkanstalt, weil diese schon aufgrund der Verleihung juristischer Persönlichkeit in den Anwendungsbereich von Art. 19 III GG fallen, siehe oben im 1. Kapitel unter B III.

gemeinsame Interessenverfolgung gegebene, Verbundenheit[21]. Wie soeben herausgearbeitet, stellt Art. 19 III GG nämlich nur auf das *Ergebnis* der kollektiven Verfestigung ab und sagt selbst nichts über die Art des Zustandekommens aus[22]. Das Bestehen einer Personenmehrheit hat insoweit allein die Aufgabe, den Zurechnungspunkt für das Handeln der juristischen Person im Sinne von Art. 19 III GG zu liefern[23]. Gerade die Körperschaften im Rechtssinne zeichnen sich dadurch aus, daß ihre Zielverwirklichung unabhängig von ihren jeweiligen Mitgliedern, insbesondere ihren Gründern, gedacht ist, hier also entscheidend der gemeinsame Zweck im Mittelpunkt steht[24]. Der Anerkennung ihrer Grundrechtsfähigkeit steht dieses aber nicht entgegen[25]. Darüber hinaus gilt es zu beachten, daß der Bürger heute überwiegend ohnehin keine Wahl mehr hat, ob er überhaupt in eine Ausübungsgemeinschaft eintreten will, sondern nur in welche er eintreten soll, die Privatautonomie als Grundlage der potentiellen Grundrechtsperson also nur eine untergeordnete Rolle spielen kann[26].

Festzuhalten bleibt damit, daß das Bestehen einer durch gleiche Zweckverfolgung verbundenen Personenmehrheit, die hinter der juristischen Person steht, erforderlich aber auch ausreichend ist.

2. Die Organisation der Personenmehrheit

Mit dem Rückgriff auf den Begriff der juristischen Person bringt das Grundgesetz also zum Ausdruck, daß es gegenüber Art. 9 GG einen gesteigerten Organisationsgrad im Sinne einer erkennbaren, gefestigten Struktur verlangt[27]. Die Anforderungen an diese Struktur gilt es nun näher zu betrachten.

Zunächst befindet sich die grundrechtliche Personenmehrheit in der gleichen Situation wie jede andere Personenmehrheit des einfachen Rechts: sie ist als

---

[21] So auch *Suhr*, Entfaltung der Menschen durch die Menschen, 1976, S. 168.

[22] Siehe oben in diesem Abschnitt unter I 3.

[23] *Gusy*, Die Verfassungsbeschwerde: Voraussetzungen und Verfahren, 1988, Rn. 50.

[24] *Wiedemann*, Gesellschaftsrecht I, S. 90.

[25] Vgl. statt aller *Ramm*, Gedächtnisschrift für J. Rödig, 1978, S. 229, 234.

[26] *Suhr*, Entfaltung der Menschen durch die Menschen, 1976, S. 18O / 181 mit Fußnote 29; a.A *Isensee* in: Isensee / Kirchhof, HdbStR V, § 118 Rn. 29, der allerdings nicht zwischen dem verfassungsrechtlichen Begriff der juristischen Person und den Anforderungen des Wesensbegriffs bei Art. 19 III GG trennt.

[27] Siehe oben in diesem Abschnitt unter I 3.

solche weder willens- noch handlungsfähig, so daß sowohl der Willensentschluß als auch seine tatsächliche Umsetzung einer Ordnung bedürfen[28]. Wesentliches Kennzeichen dieser Ordnung ist dabei das Vorhandensein organschaftlicher Vertreter, sei es zur Willensbildung oder nur zur Willensverwirklichung[29]. Insoweit können also die für das zivilrechtliche Verbandswesen geltenden Ordnungsprinzipien auch auf die juristische Grundrechtsperson übertragen werden, weil sie zum einen die Basis für die Handlungsfähigkeit und damit Selbständigkeit jeder Personenmehrheit bilden[30], auf der anderen Seite nur so die Zurechnung auf die von der juristischen Person repräsentierten natürlichen Personen möglich ist[31].

An diesem Punkt muß aber auch auf den wesentlichen Unterschied zwischen zivilrechtlicher Personenmehrheit bzw. Verbandsperson und der juristischen Grundrechtsperson hingewiesen werden: neben der Regelung der Willensbildungs- und Handlungsprozesse hat die Organisation bei den zivilrechtlichen Personenmehrheiten die Aufgabe, die Haftung der Personenmehrheit bzw. einzelner Mitglieder untereinander sowie im Verhältnis zu Dritten zu regeln und damit den vermögensrechtlichen Konsequenzen des externen Handelns der Personenmehrheit im Rechtsverkehr Rechnung zu tragen[32]. Darum geht es aber bei der Frage der Grundrechtsfähigkeit nicht: die Organisation der Personenmehrheit im Sinne von Art. 19 III GG hat allein die Aufgabe, die inneren Voraussetzungen zu schaffen, um die Verselbständigung der Personenmehrheit zur *grundrechtlichen* Ausübungsgemeinschaft herbeizuführen. Hierzu bedarf es keiner Haftungsorganisation, weder zur Regelung der Haftung der Mitglieder untereinander noch im Verhältnis zu Dritten, weil die primär auf das Verhältnis zum Staat ausgerichtete Grundrechtsfähigkeit nicht unter dem Vorbehalt eines Korrelats einfach-rechtlicher Verantwortlichkeit unter den Grundrechtsberechtigten selbst steht. Die rein zivilrechtliche Haftungsproblematik berührt also die öffentlich-rechtliche Frage nach der Stellung der Personenmehrheit als Grundrechtsperson nicht[33]. Das Korrelat zur Grundrechtsberechtigung ist für den

[28] *Wiedemann*, Gesellschaftsrecht I, S. 17.

[29] *K. Schmidt*, Gesellschaftsrecht, S. 219; grundlegend hierzu *von Gierke*, Die Genossenschaftstheorie und die deutsche Rechtsprechung, 1887, Nachdruck 1963, S. 612 ff.; nach *Baltzer*, Der Beschluß als rechtstechnisches Mittel organschaftlicher Funktion im Privatrecht, 1965, S. 32, handelt es sich hierbei um die formalen Grundtatbestände organschaftlicher Funktion.

[30] *K. Schmidt*, a.a.O.

[31] Zu diesem Erfordernis vgl. den Nachweis in Fn. 23.

[32] Siehe zu dieser Funktion eingehend *John*, Die organisierte Rechtsperson, 1977, S. 81 ff.

[33] So auch *Ramm*, Die Freiheit der Willensbildung, 1960, S. 26.

Grundrechtsträger allenfalls mittelbare Grundrechtsverpflichtung[34], keinesfalls aber zivilrechtliche Haftung.

Für Art. 19 III GG ist Organisation vielmehr dahingehend zu verstehen, daß im Rahmen einer grundrechtlichen Ausübungsgemeinschaft Arbeitsteilungen eingerichtet werden, verschiedene Funktionen wahrgenommen werden und damit verbunden auch Über- und Unterordnungsverhältnisse entstehen[35].

Die Organisation der Personenmehrheit im Sinne einer juristischen Grundrechtsperson setzt somit voraus, daß Organe vorhanden sind, durch deren Existenz die Verselbständigung der Grundrechtsperson von ihren Mitgliedern durch das Entstehen eigener Handlungsfähigkeit, gerichtet auf die Ausübung von Grundrechten, verwirklicht wird.

3. Die Willensfähigkeit der Personenmehrheit

Aus dem Bestehen einer Organisation im dargestellten Sinne folgt schließlich auch das weitere Merkmal der eigenständigen Willensfähigkeit der Personenmehrheit. Erforderlich für Art. 19 III GG ist insoweit die durch die Struktur der Personenmehrheit vermittelte Möglichkeit zur Bildung eines Kollektivwillens, der vom Individualwillen der einzelnen, hinter der Grundrechtsperson stehenden, natürlichen Personen trennbar ist[36]. Die Verselbständigung der neugeschaffenen Einheit durch die Organisationsstruktur und die damit gegebene Handlungsfähigkeit reichen allein also nicht aus. Die Grundrechtsfähigkeit der Ausübungsgemeinschaft setzt zudem voraus, daß auch die Mitglieder Teilhabe besitzen und zwar durch Teilhabe an den Willensbildungsprozessen[37]. Dabei spielt es keine Rolle, ob die Willensbildung der Personenmehrheit sozusagen in ihrer Urform durch gemeinsame Beschlußfassung des Kollektivs oder durch ein speziell vom Kollektiv hierzu berufenes Beschlußorgan erfolgt[38]. Entscheidend

---

[34] Siehe hierzu die Nachweise in der Einleitung, Fn. 12.

[35] *Suhr*, Entfaltung der Menschen durch die Menschen, 1976, S. 179 / 180.

[36] *Isensee* in: Isensee / Kirchhof, HdbStR V, § 118 Rn. 30; MünchKom / *Reuter* vor § 21 Rn. 15.

[37] *Suhr* (Fn. 35), S. 178.

[38] *Baltzer*, Der Beschluß als rechtstechnisches Mittel organschaftlicher Funktion im Privatrecht, 1965, S. 34; so auch *Suhr* (Fn. 35), S. 180 / 182 mit Fn. 28, der allerdings unter dem Gesichtspunkt der Sicherung der Qualität der Willensbildung den Personenkonsens, d.h. also die mittelbare Willensbildung, als vorzugswürdig ansieht.

ist allein, daß die Personenmehrheit in ihrer Gesamtheit zur Willensbildung fähig ist und damit die Teilhabe der Einzelnen gewährleistet ist[39].

4. Die Verbindlichkeit der Organisation

Ist die Personenmehrheit dahingehend organisiert, daß sie einen Kollektivwillen bilden kann, bedarf es gleichzeitig der Verbindlichkeit dieser Organisation, um eine Anerkennung als Grundrechtsperson zu erreichen. Diese Anforderung steht unmittelbar mit dem Begriff der juristischen Person im Zusammenhang und grenzt die Grundrechtsperson zur bloßen Versammlung ab. Schon für die juristische Person im einfach-rechtlichen Sinne ist anerkannt, daß die Verbindlichkeit der Organisation die Aufgabe hat, den Bestand der Organisation zu sichern, aber auch die Einzelnen und das Gemeinwesen vor den Gefahren zu schützen, die von dem überindividuellen Gebilde drohen[40]. Nur mit dieser mitgegebenen rechtlich bindenden Ordnung ist die juristische Person eine Wirkungseinheit[41]. Das gleiche gilt für die Personengesellschaften im Hinblick auf die Verbindlichkeit ihrer Organisation aufgrund Satzung oder Gesellschaftsvetrag[42]. Nichts anderes kann deshalb auch für die juristische Grundrechtsperson gelten, wenn auch im Hinblick auf die für die Frage der Grundrechtsfähigkeit untergeordnete Bedeutung haftungsrechtlicher Fragen[43] der Schutzaspekt in den Hintergrund tritt. Geht es doch vielmehr um die Sicherung der Willensbildungsprozesse und damit um die Sicherung der Teilhabe an der Ausübungsgemeinschaft. Dieses in erster Linie verlangt auch bei der juristischen Grundrechtsperson die Verbindlichkeit ihrer Organisation.

---

[39] Von diesem Ansatz kann auch die Einbeziehung der offenen Handelsgesellschaft in den Grundrechtsschutz verdeutlicht werden: auch sie ist nämlich eine Gemeinschftsorganisation, die den Gesellschaftswillen verkörpert und jedem Beteiligten eine gewisse Einwirkungs- und Kontrollmöglichkeit gibt, vgl. BGH in NJW 1951, 308.

[40] *Rittner*, Die werdende juristische Person, 1973, S. 211.

[41] *Larenz*, Allgemeiner Teil, S. 136.

[42] Vgl. hierzu *K. Schmidt*, S. 67 ff.

[43] Siehe oben zu 2.

5. Die Kontinuität der Organisation

Nur auf Dauer angelegte Kollektiveinheiten können als Grundrechtsträger in Betracht kommen[44]. Hier knüpft die Grundrechtsperson im Sinne von Art. 19 III GG unmittelbar an den Vereinigungs- und Gesellschaftsbegriff des Art. 9 I GG an und deckt sich mit dessen Voraussetzungen. Nimmt nämlich Art. 19 III GG den organisationsrechtlichen Zustand in den Blick, so sind damit auch in zeitlicher Hinsicht Anforderungen für die potentielle Grundrechtsperson verbunden. Dementsprechend muß also auch hier gelten, daß die Personenmehrheit auf eine gewisse Beständigkeit angelegt ist, wobei nicht etwa die Dauerhaftigkeit des Zwecks sondern allein diejenige des Zusammenschlusses maßgeblich ist[45].

6. Zusammenfassung

Im Hinblick auf die aus Art. 19 III GG resultierenden innerrechtlichen Anforderungen kann bei einer Organisation dann von einer juristischen Grundrechtsperson gesprochen werden, wenn hinter ihr eine durch gleiche Interessenverfolgung verbundene Personenmehrheit steht, die über eine verbindliche und auf Dauer angelegte Organisation dergestalt mit der potentiellen Grundrechtsperson verbunden ist, daß eine eigenständige Willens- und Handlungseinheit im Sinne einer grundrechtlichen Ausübungsgemeinschaft entsteht, an der aber auch der einzelne die Möglichkeit der Teilhabe besitzt.

B. Der Betriebsrat als verselbständigte Organisationseinheit im Sinne von Art. 19 III GG

I. Die Belegschaft als die Personenmehrheit im Sinne von Art. 19 III GG

Wie beim rechtsfähigen und nichtrechtsfähigen Verein die Mitglieder, bei der Aktiengesellschft die Aktionäre, bei der GmbH sowie der Kommanditgesell-

---

[44] *Ramm*, Die Freiheit der Willensbildung, 1960, S. 27; OVG München in NJW 1984, 2116.

[45] *Schnorr*, Vereinsrecht, § 2 Rn. 13 f.; *Scholz* in: Maunz / Dürig, Art. 9 Rn. 65; a.A. offensichtlich *Larenz*, Allgemeiner Teil, der die Erbengemeinschaft nicht als auf Dauer angelegte Personengemeinschft ansieht, weil ihr Zweck auf baldige Auflösung gerichtet ist.

schaft und der offenen Handelsgesellschaft die Gesellschafter, steht jeweils eine durch gleiche Interessenlage verbundene Personenmehrheit hinter der Grundrechtsperson[46].

Für die potentielle Grundrechtsperson Betriebsrat kommt insoweit nur die Belegschaft im Sinne der im Betrieb beschäftigten und vom Regelungsbereich des BetrVG erfaßten Arbeitnehmer in Betracht. Zurechnungseinheit sind also nicht etwa die Mitglieder („Organwalter") des Betriebsrats selbst. Die Tätigkeit des Betriebsrats erfolgt nämlich nicht um seiner selbst willen, ist also nicht auf den Interessenkreis der Betriebsratsmitglieder beschränkt. Der betriebsverfassungsrechtliche Auftrag des Betriebsrats ist vielmehr auf die Wahrnehmung der betrieblichen Interessen der Arbeitnehmer gegenüber dem Arbeitgeber ausgerichtet[47]. Aus der Belegschaft bildet sich der Betriebsrat, an deren Wohl ist sein Handeln orientiert, vgl. § 2 BetrVG, so daß auch sie im Rahmen von Art. 19 III GG in den Blick zu nehmen ist.

1. Der Streit um die Rechtsnatur der Belegschaft und seine Bedeutung für die Problemstellung

Die Meinungen um die Rechtsnatur der Belegschaft gehen seit je her auseinander[48]. So reichen die Auffassungen von einer bloß tatsächlichen Gemeinschaft[49], über eine Gemeinschaft im Rechtssinne[50], zum Personenverband[51], bis hin zur teilrechtsfähigen Einheit[52]. Die Problematik dieser Systematisierungen liegt darin, daß mit ihnen versucht wird, die Belegschaft über die herkömmlichen zivilrechtlichen Rechtsinstitute zu erfassen, deren Hauptaufgabe es ist, vermögens- bzw. haftungsrechtliche Fragen zu klären. Wie bereits festge-

---

[46] Zu den Ausnahmen siehe oben in diesem Kapitel Fn. 20.

[47] *Fitting / Auffarth / Kaiser / Heither* § 1 Rn. 88; *Schneider* in: D. / K. / K. / S., Einl. 112.

[48] Zum Meinungsstand vgl. die Darstellungen bei *Dietz / Richardi* § 1 Rn. 5 ff. und *Stöckl*, Das rechtliche Verhältnis zwischen dem Betriebsrat und einzelnem Arbeitnehmer, 1988, S. 100 ff.

[49] *von Hoyningen-Huene*, Betriebsverfassungsrecht, § 4 III 5; *Hueck / Nipperdey*, Bd. II / 2, S. 1085.

[50] *Weitnauer* in: Festschrift für K. Duden, 1977, S. 705, 715.

[51] *Schneider* in: D. / K. / K. / S., Einl. 93, 94; siehe zu dieser Kennzeichnung auch *Thiele* in: GK-BtrVG (4. Aufl.), Einl. 71.

[52] *Fabricius*, Relativität der Rechtsfähigkeit, 1971, S. 232 f.; *ders.* in: GK-BetrVG, vor § 42 Rn. 17.

stellt, ist dieser Aspekt für die hier aufgeworfene Problemstellung der Grundrechtsfähigkeit aber nicht von Bedeutung[53].

Der Streit um die rein zivilrechtliche Einordnung der Belegschaft kann also insoweit auf sich beruhen, entscheidend muß vielmehr sein, eine *verfassungsrechtliche* Einordnung der Belegschaft anhand der für die juristische Grundrechtsperson im Sinne von Art. 19 III GG erforderlichen Merkmale vorzunehmen.

2. Die Belegschaft als soziologische Gruppe

Zunächst kann ohne weiteres festgestellt werden, daß die Belegschaft eine soziologisch erfaßbare Personenmehrheit darstellt. Sie läßt sich eindeutig von anderen Personenmehrheiten des Betriebs oder Unternehmens, wie zum Beispiel den Aktionären oder den Gesellschaftern abgrenzen. Denn zur Belegschaft gehört nur, wer als Arbeitnehmer zum Dienst im Betrieb des Inhabers verpflichtet ist[54]. Die Zugehörigkeit zur soziologischen Gruppe Belegschaft ist insoweit also aus dem vertraglichen Verhältnis des einzelnen Arbeitnehmers zum Arbeitgeber rechtlich fundiert.

3. Die Belegschaft als Interessengemeinschaft

Art. 19 III GG verlangt aber auf der Innenseite der Grundrechtsperson auch die ideelle Verbundenheit der Gruppe zu einer Interessengemeinschaft[55].

Außerhalb des BetrVG wird sich eine derartige Verbundenheit kaum annehmen lassen: die gemeinsame Situation der Arbeitnehmer, dem aus dem Arbeitsvertrag resultierenden Dispositionsrecht des Arbeitgebers ausgeliefert zu sein, führt noch nicht positiv zu einer bei den Beteiligten feststellbaren inneren Verbindung im Sinne eines Interessenverbands. Sie bleibt vielmehr nur eine Addition arbeitsvertraglicher und damit individualbezogener Interessenverfolgung. Auch der aus der betrieblichen Organisation resultierende arbeitstechnische Zweck, der Grundlage und Existenz der Gruppenzugehörigkeit der

---

[53] Siehe oben in diesem Kapitel unter A II 2.

[54] *Dietz / Richardi* § 5 Rn. 69.

[55] Siehe oben in diesem Kapitel unter A II 1.

Arbeitnehmer bildet, kann einen gemeinsamen Zweck nicht begründen, weil er zu keiner nachvollziehbaren inneren Verbundenheit der Arbeitnehmer führt[56].

Dieses Bild ändert sich aber dann, wenn die Belegschaft in ihrer Funktion als Personenmehrheit des BetrVG in den Blick genommen wird: mit deren rechtlicher Erfassung durch das BetrVG entsteht nunmehr die durch den gemeinsamen Zweck der Verfolgung kollektiver Arbeitnehmerinteressen verbundene *Zweckgemeinschaft* Belegschaft[57]. Diese wird so als Interessenträger der Mitwirkungs- und Mitbestimmungsrechte, mit deren Hilfe die Herrschaftsrechte des Arbeitgebers begrenzt werden sollen, zu einem tatsächlichen Kollektiv[58].

Zugleich geht damit das Betriebsverfassungsrecht auch von einem eigenständigen, gegenüber dem sonstigen Arbeitsrecht spezielleren Belegschaftsbegriff aus: betriebsverfassungsrechtlich gehören zur Belegschaft nicht die in § 5 II und III BetrVG genannten Personen. Wenn das Gesetz im übrigen die Worte „die Arbeitnehmer" gebraucht, handelt es sich nur um eine sprachliche Ungenauigkeit[59].

Neben den weitergehenden Funktionen hat das Betriebsverfassungsrecht damit zunächst erst einmal die Aufgabe, die Zweckgemeinschaft „Belegschaft" zu begründen und sie insoweit als Verband zusammenzufassen[60]. Der einzelne Arbeitnehmer wird durch die Zuordnung zur Belegschaft zum Beteiligten eines die anderen Arbeitnehmer mit einschließenden Rechtskreises, einer überindividuellen Einheit, die mehr ist als die bloße Summe aller Beteiligten[61].

Diesem Ergebnis steht auch nicht die Tatsache entgegen, daß diese Zweck- und Interessengemeinschaft von außen durch die Rechtsordnung an die Belegschaft herangetragen wird und damit nicht wie bei Vereinen und Gesellschaften des privaten Rechts auf entsprechenden rechtsgeschäftlichen Erklärungen beruht. Zum einen entsteht die Zweckgemeinschaft nicht ohne den freiwilligen Initiierungsakt, die freiwillige Annahme der Betriebsverfassung durch die Arbeit-

---

[56] *Zöllner* in: Festschrift 25 Jahre BAG, S. 745, 753.

[57] *Dietz / Richardi* § 1 Rn. 13, 14; *Zöllner*, a.a.O.; *Stöckl*, Das rechtliche Verhältnis zwischen dem Betriebsrat und einzelnem Arbeitnehmer, 1988, S. 104.

[58] BAG AP Nr. 5 zu § 101 BetrVG 1972, unter II 4 c; *Heinze*, ZfA 1988, 53, 63.

[59] *Lunk*, Die Betriebsversammlung – das Mitgliederorgan des Belegschaftsverbandes, 1991, S. 62 f.

[60] BAG AP Nr. 5 zu § 42 BetrVG 1972, unter II 2 b aa.

[61] *Schneider* in: D. / K. / K. / S., Einl. 92; *Thiele* in: GK-BertVG (4. Aufl.), Einl. 70.

nehmer in Form der Wahl eines Betriebsrats[62], darüber hinaus ist die Verbundenheit durch einen gemeinsamen Zweck unabhängig von der Frage, ob dieser Zweck privatautonom gefunden oder von außen an die Gemeinschaft herangetragen wird[63].

II. Die Organisation der Personenmehrheit Belegschaft durch das BetrVG

Organisation setzt das Bestehen von Organen im weiteren Sinne, d.h. von Funktionsträgern voraus, verlangt also eine Innenrechtsgestaltung der Personenmehrheit Belegschaft. Im Mittelpunkt steht dabei die Stellung des Betriebsrats gegenüber der Belegschaft.

1. Der Meinungsstreit in der Literatur

Das Verhältnis des Betriebsrats zu den Arbeitnehmern des Betriebs gehört nach wie vor zu den umstrittensten Themenkreisen im Betriebsverfassungsrecht[64]. In diesem Zusammenhang wird die Stellung des Betriebsrats als gesetzlicher Vertreter[65], als Organ[66], als Repräsentant[67] bis hin zum Vertreter kraft Amtes[68] umschrieben. Der wesentliche Mangel dieser Zuordnungsversuche liegt indes darin, daß sie nicht nur zur Analyse einer möglichen Innenbeziehung zwischen Belegschaft und Betriebsrat herangezogen werden, sondern gleichzeitig auch der Beantwortung der Frage, wer Träger der betriebsverfassungsrechtlichen Rechtspositionen ist bzw. wem diese Rechtspositionen zugerechnet werden, dienen sollen[69]. Es wird also die Außen- und Innenwir-

---

[62] *Wiese* in: GK-BetrVG, Einl. 63.

[63] *Hueck / Nipperdey*, Bd. II / 2, S. 1090.

[64] Vgl. den Überblick über die verschiedenen Meinungen bei *Thiele* in: GK-BetrVG (4. Aufl.), Einl. 75 ff.

[65] *Groß*, AuR 1953, 71, 73; *Sorge*, AuR 1953, 272.

[66] *Fitting / Auffarth / Kaiser / Heither* § 1 Rn. 92; *Hess / Schlochauer / Glaubitz* vor § 1 Rn. 23; *Zöllner / Loritz* § 45 III 1.

[67] *Galperin / Löwisch* vor § 1 Rn. 19; *Dietz / Richardi* § 1 Rn. 20.

[68] *Hueck / Nipperdey*, Bd. II / 2, S. 1093; *Nikisch*, Arbeitsrecht, Bd. III, S. 19.

[69] Ein besonderes Beispiel hierfür gibt die Kommentierung von *Thiele* in: GK-BetrVG (4. Aufl.) Einl. 35 ff. ab.

kung betriebsverfassungsrechtlicher Rechtsnormen unzutreffend vermengt[70]. Für das betriebsverfassungsrechtliche Verständnis der Stellung von Betriebsrat und Belegschaft gilt es also zu trennen zwischen dem „Innenverhältnis" im Sinne der organisationsrechtlichen Beziehungen beider zueinander und dem „Außenverhältnis", also der Frage der Rechtsfähigkeit und Rechtsträgerschaft nach dem Betriebsverfassungsrecht[71]. Nichts anderes gilt für das hier interessierende ausübungsrechtliche Verhältnis im Sinne von Art. 19 III GG, da wie festgestellt auch hier ein Innenverhältnis zwischen der juristischen Grundrechtsperson und den hinter ihr stehenden natürlichen Personen sowie ein Außenverhältnis im Hinblick auf die Grundrechtsausübung besteht.

Bei der in diesem Zusammenhang allein interessierenden Frage einer „Innenbeziehung" zwischen Betriebsrat und Belegschaft können allerdings mögliche schuldrechtliche, insbesondere haftungsrechtliche, Beziehungen[72] vernachlässigt werden, da es auf diese Fragen im Innenverhältnis der potentiellen Grundrechtsperson ebensowenig ankommt, wie in ihrem Außenverhältnis zu Dritten[73].

2. *Die für das organisationsrechtliche Verhältnis im Sinne von Art. 19 III GG entscheidenden Gesichtspunkte*

a) Die Legitimation des Betriebsrats

Die Grundlage des Innenverhältnisses von Belegschaft und Betriebsrat muß als erstes in der Legitimation des Betriebsrats durch die Belegschaft gesehen werden. Wahl und Errichtung des Betriebsrats können nur durch die Arbeitnehmer des Betriebs, d.h. also die grundrechtlich relevante Personenmehrheit Belegschaft, erfolgen, vgl. die §§ 1, 7 BetrVG. Dabei knüpft das BetrVG an repräsentativdemokratische Grundsätze aus dem Staatsrecht an, was sich insbesondere an dem Verhältniswahlsystem (§ 14 III), dem Prinzip der Gruppen-

[70] *Heinze*, ZfA 1988, 53, 59.

[71] So auch *Heinze*, ZfA 1988, 53, 61. Zur Unterscheidung von Innenrecht und Außenrecht, siehe unten im 3. Kapitel unter A III.

[72] Vgl. hierzu insbes. *Belling*, Die Haftung des Betriebsrats und seiner Mitglieder für Pflichtverletzungen, 1990, S. 41ff, 132 ff. und 218 ff. sowie *von Hoyningen-Huene*, NZA 1989, 121 ff. und *Weber*, DB 1992, 2135 ff.

[73] Siehe oben in diesem Kapitel unter A II 2.

wahl (§ 10) sowie der geheimen und unmittelbaren Wahl (§ 14 I) des Betriebsrats zeigt[74]. Aus diesen demokratischen Grundsätzen sind bislang aber nur Rückschlüsse gezogen worden, die darauf abzielten, in entsprechender Anwendung des Art. 20 II Satz 1 GG die Belegschaft auch als Träger der betriebsverfassungsrechtlichen Rechte und Pflichten zu benennen[75]. Ist nämlich erforderlich, daß innerhalb der grundrechtlichen Ausübungsgemeinschaft Teilhabe an den Willensbildungsprozessen besteht und das Handeln der neugeschaffenen Einheit auch auf die einzelnen Mitglieder zurückgeführt werden kann[76], so haben in dieser Hinsicht die repräsentativ-demokratischen Grundsätze der Wahl des Betriebsrats eine wichtige Bedeutung, in dem sie für die einzelnen Arbeitnehmer des Betriebs diese Teilhabe an der kollektiven Grundrechtswahrnehmung garantieren.

b) Die Kontrolle des Betriebsrats

Parallel zur Legitimation läuft die Kontrolle des Betriebsrats durch die Belegschaft. In ihrer intensivsten Form vollzieht sich diese Kontrolle jeweils wiederkehrend mit der Neuwahl des Betriebsrats gemäß § 13 I BetrVG. Dennoch ist dieses nicht das einzige Instrumentarium, das die Betriebsverfassung zur Verfügung stellt. Hier tritt als weiterer Mechanismus die Betriebsversammlung, vgl. die §§ 42-46 BetrVG, hinzu. Auf ihr hat der Betriebsrat einmal im Vierteljahr über seine Tätigkeit Rechenschaft abzulegen, vgl. § 43 I Satz 1 BetrVG. Hier kann die Belegschaft ihre Kritik an den Betriebsrat heranbringen, indem sie Anträge unterbreitet und Stellungnahmen beschließt, vgl. § 45 Satz 2 BetrVG. Diese Regeln entwickeln eine Kontrollfunktion, die mit jener der Mitgliederversammlung gegenüber dem Vorstand im Verein zumindest vergleichbar ist: wenn auch den Entscheidungen der Betriebsversammlung im Unterschied zur Mitgliederversammlung des Vereins keine Verbindlichkeit zukommt, vollzieht sich dennoch auf der Betriebsversammlung die Meinungsbildung der Belegschaft[77].

---

[74] *Kreutz*, Grenzen der Betriebsautonomie, 1979, S. 26 / 27.

[75] Vgl. hierzu *Kreutz* (Fn. 74), S. 27 sowie *Thiele* in: GK-BetrVG (4. Aufl.), Einl. 81, der insoweit das staatsrechtliche Strukturprinzip der Repräsentation als „privatrechtsdogmatisch" inhaltsleer" bezeichnet.

[76] Siehe oben in diesem Kapitel unter A II 2 und 3.

[77] BAG AP Nr.5 zu § 42 BetrVG 1972, unter II 2 b aa.

Sie wird deshalb auch als Forum der Aussprache zwischen Belegschaft und Betriebsrat bezeichnet[78].

c) Die Interessenverpflichtung des Betriebsrats

Die organisatorische Stellung des Betriebsrats wird auch durch den Inhalt bzw. die Prinzipien, an die der Betriebsrat im Rahmen seiner Tätigkeit gebunden ist, deutlich. Der Betriebsrat ist die einheitliche Interessenvertretung der Arbeitnehmer gegenüber dem Arbeitgeber. Die Rechtswahrnehmung des Betriebsrats hat also stets im Interesse der Belegschaft und nicht nach freiem Belieben zu erfolgen[79]. Dabei handelt es sich – abgesehen von wenigen Ausnahmen – um die *kollektiven* Interessen der Belegschaft[80]. Alle Mitglieder des Betriebsrats sind hierauf verpflichtet und haben insoweit die gleichen Aufgaben[81]. Meinungen und Abstimmungen innerhalb des Betriebsrats zur Feststellung von Mehrheiten sind dadurch zwar nicht ausgeschlossen, sie bilden aber keinen Selbstzweck, sondern nur Mittel zum Zweck[82]. Der Betriebsrat ist damit als Kollektivorgan Sachwalter derjenigen Arbeitnehmerinteressen, die diese allein durch privatautonomes Handeln nicht wahrnehmen können[83].

Damit befindet sich der Betriebsrat in einer vergleichbaren Organverpflichtung wie andere aus dem Privatrecht bekannte Organe: das Gesetz begründet auch im Vereins-, Gesellschafts- und Mitbestimmungsrecht eine Verpflichtung der Organe auf das Gesamtinteresse des Kollektivs[84].

Ohne diese Verpflichtung wäre im übrigen die Entscheidung des Gesetzgebers, alle Arbeitnehmer des Betriebs der zwangsweisen Interessenwahrnehmung durch den Betriebsrat zu unterwerfen, rechtsstaatlich wohl kaum zu legitimieren[85].

---

[78] BAG, a.a.O.; *Fitting / Auffarth / Kaiser / Heither* § 42 Rn. 7; *Berg* in: D. / K. / K. / S., § 42 Rn. 2; *Fabricius* in: GK-BetrVG, vor § 42 Rn. 5.

[79] *Hess / Schlochauer / Glaubitz* § 2 Rn. 14.

[80] *Kraft* in: GK-BetrVG, § 1 Rn. 46.

[81] *Fitting / Auffarth / Kaiser / Heither* § 1 Rn. 96.

[82] *Fitting / Auffarth / Kaiser / Heither*, a.a.O.

[83] *Lunk*, Die Betriebsversammlung das Mitgliederorgan des Belegschaftsverbandes, 1991, S. 70; *Faude*, Anm. zu BAG AP Nr. 18 zu § 99 BetrVG 1972, unter I 1.1.

[84] *Heinze*, ZfA 1988, 53, 69.

[85] *Heinze*, a.a.O.

Durch die Bindung des Betriebsrats an das Interesse der Belegschaft wird also die organrechtliche Stellung des Betriebsrats abgesichert.

d) Zwischenergebnis

Zwischen der potentiellen Grundrechtsperson Betriebsrat und der hinter ihr stehenden Belegschaft besteht ein organisationsrechtliches Verhältnis im Sinne von Art. 19 III GG.

Der Betriebsrat ist durch die Belegschaft legitimiert, kontrolliert und auf die Wahrung deren Interesse verpflichtet.

III. Der Betriebsrat als Willensbildungs- und Handlungsorgan der Belegschaft im Sinne von Art. 19 III GG

1. Die Willensbildung durch den Betriebsrat

Wie oben festgestellt, findet eine Willensbildung der Belegschaft zunächst in der Betriebsversammlung statt, der insoweit eine institutionelle Bedeutung zukommt[86]. Über die dargelegte Kontrollfunktion hinaus hat die Betriebsversammlung für die Willensbildung im Sinne eines die Belegschaft repräsentierenden Gesamtwillens aber nur eine eingeschränkte Bedeutung: diese Willensbildung erfolgt gerade nicht im Hinblick auf konkrete Maßnahmen und Sachlagen im Rahmen der täglichen, die Belegschaft betreffenden, Aufgabenwahrnehmung, sondern nur aus dem besonderen Anlaß der Betriebsversammlung. Ebenso findet eine Willensbildung der Belegschaft nicht schon durch die Wahl des Betriebsrats statt[87], denn insoweit ist die Wahl nämlich nur Legitimation und Kontrolle eines Handelns des Betriebsrats, gerichtet auf dessen Willensbildung, nicht jedoch schon Willensbildung selbst, da es an jeglichem Sachbezug fehlt. Sie bleibt vielmehr bloßer Personenkonsens.

Maßgeblich kann also nur sein, daß die Willensbildung der grundrechtlichen Personenmehrheit Belegschaft außerhalb der Betriebsversammlung durch den

[86] Siehe oben in diesem Abschnitt unter II 2 b.

[87] So aber *Lunk* (Fn. 83), S. 64

Betriebsrat als durch die Wahl legitimiertes Kollektivorgan erfolgt[88]. Für die Willensbildung können nämlich auch mehrere Organe zuständig sein, die im Zusammenwirken die Willensbildung einer Personenmehrheit vollziehen[89]. Geht es um die Lösung konkreter, die Regelungsmaterie des BetrVG betreffender, Sachfragen, die als Vorbereitung rechtserheblichen Handelns nach außen eine innere Meinungsbildung der Personenmehrheit erfordern, rückt der Beschluß des Betriebsrats als wesentliches Instrument kollektiver Entscheidungsfindung in den Mittelpunkt. Jegliche Ausübung betriebsverfassungsrechtlicher Mitwirkungs- und Mitbestimmungsrechte setzt einen wirksamen Beschluß des Betriebsrats voraus[90]. Die Beschlußfassung erweist sich auch hier als das von der Rechtsordnung bereit gestellte Mittel, mit dessen Hilfe aus der Vielzahl von Einzelstellungnahmen die für das Wirken der Personenmehrheit notwendige qualitative Einheitlichkeit der Organaktion gewonnen wird[91]. Für die Stellung des Betriebsrats gilt im gleichen Maße, daß überall dort, wo es um die Regelung und Gestaltung von Rechtsverhältnissen geht, von denen eine Vielzahl von Personen betroffen ist, die individuellen Bestrebungen auf einen Nenner gebracht, „objektiviert" werden müssen[92].

2. *Die Handlungsfähigkeit des Betriebsrats*

Die Handlungsfähigkeit eines Verbandes stellt einen unentbehrlichen Teil der Verbandsorganisation dar[93]. Für die rechtsfähigen Verbände sind Handlungsorgane die Geschäftsführungs- bzw. Vertretungsorgane, so der Vorstand des Vereins (§§ 26 ff. BGB), der AG (§§ 76 ff. AktG) oder der Genossenschaft (§§ 24 ff. GenG), der Geschäftsführer der GmbH (§§ 35 ff. GmbHG), für die

---

[88] Zum Begriff des Kollektivorgans siehe *Baltzer*, Der Beschluß als rechtstechnisches Mittel organschaftlicher Funktion im Privatrecht, 1965, S. 41.

[89] Vgl. *Baltzer* (Fn. 88), S. 70 / 71.

[90] Allgemeine Auffassung, vgl. *Wiese* in: GK-BetrVG, § 33 Rn. 7; *Fitting / Auffarth / Kaiser / Heither* § 33 Rn. 4; *Hess / Schlochauer / Glaubitz* § 33 Rn. 4; *Galperin / Löwisch* § 33 Rn. 1; *Blanke* in: D. / K. / K. / S., § 33 Rn. 3.

[91] *Baltzer* (Fn. 88), S. 41.

[92] *Thiele* in: GK-BertVG (4.Aufl.), Einl. 39.

[93] *K. Schmidt*, Gesellschaftsrecht, S. 214; zwar kann die Handlungsfähigkeit auch als Teil der Rechtsfähigkeit verstanden werden, siehe hierzu *Larenz*, Allgemeiner Teil, S. 89, bei den Personenmehrheiten ist die Handlungsfähigkeit aber schon wesentlicher Regelungsbestandteil der Organisation und damit Teil des Innenrechts, vgl. *K. Schmidt*, Gesellschaftsrecht, S. 213.

nichtrechtsfähigen Personenmehrheiten der geschäftsführende Gesellschafter (§§ 709 ff. BGB, §§ 114 ff., 125 ff. HGB).

Auf der Ebene der Betriebsverfassung kommt nur der Betriebsrat als Handlungsorgan in Betracht. Kann die Belegschaft im Zusammenhang mit den Regelungen der §§ 42-46 BetrVG zumindest partiell noch als Trägerin einer Gesamtwillensbildung angesehen werden[94], fehlt für die Annahme einer Handlungsfähigkeit der Belegschaft jegliche Grundlage. Hier kann nur auf den Betriebsrat als Handlungsorgan abgestellt werden: Willenserklärungen im Zusammenhang mit den Mitwirkungs- und Mitbestimmungsrechten kann allein der Betriebsrat abgeben, nur er ist Partner beim Abschluß von Betriebsvereinbarungen mit dem Arbeitgeber[95]. Hinsichtlich eines Handelns nach außen hin ist der Betriebsrat notwendiges Beschlußorgan, wobei er seinerseits durch den Vorsitzenden vertreten wird[96]. Nach überwiegender Meinung handelt der Betriebsratsvorsitzende aber nur als Vetreter in der Erklärung, Handlungsorgan bleibt also der Betriebsrat[97].

Die Stellung des Betriebsrats als Handlungsorgan wird des weiteren auch durch die betriebsverfassungsrechtlich geregelte Sicherung seiner Handlungsfähigkeit bestätigt. Die Unentbehrlichkeit eines Handlungsorgans ist nämlich nicht bloß Gegenstand rechtssystematischer Betrachtung, sondern auch Bestandteil des geltenden Rechts[98]. Für das Verbandsrecht ergibt sich dieses aus den Vorschriften des § 29 BGB sowie des § 85 AktG. Nach diesen Normen wird ein Notvorstand bestellt, wenn die Handlungsunfähigkeit des Organs und damit zugleich der Personenmehrheit eintritt. Im Betriebsverfassungsrecht sieht § 25 BetrVG beim Ausscheiden oder bei zeitweiliger Verhinderung das Nachrücken eines Ersatzmitgliedes in den Betriebsrat vor und gewährleistet damit, daß die Beschlußfähigkeit des Betriebsrats erhalten bleibt[99]. Vergleichbar mit den Regelungen des Verbandsrechts, wird also auch hier die über den Betriebsrat vermittelte Handlungsfähigkeit der Personenmehrheit Belegschaft gewährleistet und abgesichert.

---

[94] Siehe oben zu 1.

[95] Vgl. hierzu *Kreutz*, Grenzen der Betriebsautonomie, 1979, S. 33 ff.

[96] *Hueck / Nipperdey*, Bd. II / 2, S. 1091.

[97] BAG AP Nr. 11 zu § 112 BetrVG 1972, Bl. 3; *Fitting / Auffarth / Kaiser / Heither* § 26 Rn. 26; *Wiese* in: GK-BetrVG, § 26 Rn. 53 f.; *Dietz / Richardi* § 26 Rn. 40; *Hess / Schlochauer / Glaubitz* § 26 Rn. 40; *Blanke* in: D. / K. / K. / S., § 26 Rn. 31.

[98] *K. Schmidt*, Gesellschaftsrecht, S. 214.

[99] *Fitting / Auffarth / Kaiser / Heither* § 25 Rn. 1.

3. Die Bindungswirkung von Willensbildung und Handlung für die Belegschaft

Schließlich läßt sich die im Sinne von Art. 19 III GG zu fordernde organrechtliche Rechtsstellung des Betriebsrats auch an der Bindungswirkung der Tätigkeit des Betriebsrats bei Willensbildung und Willensverwirklichung für die Belegschaft nachweisen. Typisches Kennzeichen für das Vorliegen einer Organaktion ist die Zurechnung in Gestalt einer Bindungswirkung aller durch die Aktion Betroffenen, also all jener Rechtssubjekte, deren Rechtssphären in irgendeiner Beziehung mit der übergeordneten Einheit verknüpft sind[100]. Sofern die Personenmehrheit eine eigene zivilrechtliche Rechtspersönlichkeit besitzt, wird sie selbst gebunden, bei den nicht zivilrechtlich vollrechtsfähigen Personenmehrheiten beeinflußt die Organaktion die Rechtsverhältnisse der Mitglieder[101].

Auf der Ebene des Betriebsverfassungsrechts kann ebenfalls eine derartige Bindungswirkung für die einzelnen Arbeitnehmer als Teil der Belegschaft festgestellt werden. Grundlage der Mitgliedschaft im oben genannten Sinne ist dabei die Zugehörigkeit des einzelnen Arbeitnehmers zum Personenverband Belegschaft, der mit der Verfassung der Arbeitnehmer durch die Wahl eines Betriebsrats entsteht[102]. Am deutlichsten kann diese Bindungswirkung schon am Beispiel der Betriebsvereinbarung aufgezeigt werden: unabhängig davon, wie ihre Rechtsnatur zu bestimmen ist[103], steht jedenfalls fest, daß diese unmittelbar in die Rechtssphäre der Arbeitnehmer einwirkt, vgl. § 77 IV BetrVG. Diese Einwirkung ist durch die kollektive Verbundenheit der Arbeitnehmer im Betriebsverband bedingt, weshalb auch über diese mitgliedschaftliche Verbundenheit hinausgehende, ausschließlich in die Individualrechtssphäre der Arbeitnehmer eingreifende, Betriebsvereinbarungen unzulässig sind[104].

---

[100] *Baltzer*, Der Beschluß als rechtstechnisches Mittel organschaftlicher Funktion im Privatrecht, 1965, S. 91 ff.

[101] *Baltzer* (Fn. 100), S. 94.

[102] Siehe oben in diesem Abschnitt unter I 3.

[103] Ausführlich hierzu *Kreutz*, Grenzen der Betriebsautonomie, 1979, S. 41 ff. sowie *ders.* in: GK-BetrVG, § 77 Rn. 188 ff.

[104] Zu den einzelnen Fallgruppen unter diesem Aspekt unzulässiger Betriebsvereinbarungen, siehe *Fitting / Auffarth / Kaiser / Heither* § 77 Rn. 35 ff.

4. Zwischenergebnis

Der Betriebsrat vermittelt der selbst nicht willens- und handlungsfähigen Belegschaft somit die für die Anerkennung als grundrechtliche Ausübungsgemeinschaft erforderliche eigenständige Willens- und Handlungsfähigkeit.

Diese Willens- und Handlungsfähigkeit des Betriebsrats wird durch die organisatorischen Normen des BetrVG begründet und abgesichert.

IV. Die Verbindlichkeit der Organisation von Belegschaft und Betriebsrat

Die das Innenverhältnis der potentiellen Grundrechtsperson Betriebsrat zu der hinter ihm stehenden Personenmehrheit Belegschaft regelnden Vorschriften des BetrVG erfüllen auch die im Rahmen von Art. 19 III GG zu stellenden Anforderungen an die Verbindlichkeit der Innenrechtsgestaltung[105]. Für die in diesem Zusammenhang allein maßgeblichen Organisationsvorschriften des BetrVG ist es unstreitig, daß sie zwingende Wirkung haben. Das gilt zunächst im Verhältnis zwischen Arbeitgeber und Betriebsrat, denn auch soweit das Gesetz wie in den §§ 88 und 102 VI BetrVG den Beteiligten über die benannten Kompetenzen hinaus weitergehende Regelungsbefugnisse einräumt, bezieht sich dieses jedenfalls nicht auf die gesetzlich vorgeschriebene Organisation der Betriebsverfassung[106]. Ebenso sind nach allgemeiner Auffassung die organisatorischen Vorschriften des BetrVG auch für die Tarifvertragsparteien zwingend[107].

Damit ist das BetrVG funktionell in seinem organisatorischen Bereich mit der Satzung eines Vereins vergleichbar[108], es geht im Hinblick auf die Verbindlichkeit seiner Innenrechtsregelungen sogar über diese hinaus, da es jeglicher Disposition der Beteiligten entzogen ist.

---

[105] Siehe zu diesem Erfordernis oben in diesem Kapitel unter A II 4.

[106] *von Hoyningen-Huene* in: MünchArbR, Bd. 3, § 289 Rn. 89; *Fitting / Auffarth / Kaiser / Heither* § 1 Rn. 122 f.; *Kraft* in: GK-BetrVG, § 1 Rn. 55; *Dietz / Richardi* § 1 Rn. 44 ff.; *Hess / Schlochauer / Glaubitz* § 1 Rn. 42.

[107] Vgl. *Kraft* in: GK-BetrVG § 3 Rn. 8; *Fitting / Auffarth / Kaiser / Heither* § 3 Rn. 1; *Galperin / Löwisch* § 3 Rn. 1; *Dietz / Richardi* § 3 Rn. 1.

[108] *Lunk*, Die Betriebsversammlung – das Mitgliederorgan des Belegschaftsverbandes, 1991, S. 65 ff.

V. Die Kontinuität der Organisation von Belegschaft und Betriebsrat

Die durch das BetrVG verfaßte Personenmehrheit Belegschaft erweist sich auch als eine auf Dauer angelegte Kollektiveinheit. Als Verband wahrt die Belegschaft ihre Intensität und Kontinuität auch dann, wenn einzelne Belegschaftsangehörige aus dem Betrieb ausscheiden oder der Betriebsrat neu gewählt wird und sich seine Zusammensetzung ändert[109].

Damit ist gleichzeitig auch das organisationsrechtliche Verhältnis von Betriebsrat und Belegschaft auf Dauer angelegt.

Ein anderes Ergebnis ergibt sich auch dann nicht, wenn hinsichtlich des Kontinuitätserfordernisses auf die Dauerhaftigkeit des Zwecks abgestellt wird[110], da auch der Zweck des BetrVG, nämlich die kollektive Wahrnehmung der Mitwirkungs- und Mitbestimmungsrechte, auf nicht begrenzte Zeit angelegt ist.

VI. Ergebnis

Hinter der potentiellen Grundrechtsperson Betriebsrat steht die Belegschaft als interessenfähige Personenmehrheit.

Durch den Betriebsrat wird die Belegschaft als willens- und handlungsfähig organisiert, wobei der Betriebsrat die Willensbildung und Willensverwirklichung durchführt.

Die Institution des Betriebsrats und dessen organisations-rechtliches Verhältnis zur Belegschaft sind verbindlich und weisen Kontinuität auf.

Damit sind die inneren Anforderungen, die an eine Grundrechtsperson im Sinne von Art. 19 III GG zu stellen sind, erfüllt.

---

[109] *Schneider* in: D. / K. / K. / S., Einl. 93; *Thiele* in: GK-BetrVG (4. Aufl.), Einl. 71.

[110] Siehe insoweit den Nachweis in Fn. 45.

Drittes Kapitel

Der Betriebsrat als teilrechtsfähiges Subjekt im Sinne von Art. 19 III GG

A. Die Anforderungen des Art. 19 III GG an die Teilrechtsfähigkeit der juristischen Grundrechtsperson

I. Der Begriff der Teilrechtsfähigkeit

1. Die Bedeutung des Begriffs der Teilrechtsfähigkeit im öffentlichen Recht

Der Begriff der Teilrechtsfähigkeit wurde zunächst im öffentlichen Recht entwickelt und geht auf H. J. Wolff zurück[1]. Er differenziert zwischen der *Rechtssubjektivität* als der Eigenschaft einer Person oder eines sozialen Substrats, Zuordnungssubjekt mindestens eines Rechtssatzes zu sein und der *Rechtsfähigkeit* als der Fähigkeit einer Person oder eines sozialen Substrats, in einem System von Rechtsträgern allgemein Träger von Rechten und Pflichten zu sein. Von diesem Ansatz ausgehend ist für das öffentliche Recht die terminologische Differenzierung der Rechtsfähigkeit in eine partielle oder Teilrechtsfähigkeit im Sinne einer Einzelzuweisung von Rechten und Pflichten und eine allgemeine oder (Voll-)Rechtsfähigkeit, die zugleich *die* Rechtsfähigkeit im allgemeinen Sprachgebrauch ist, herausgearbeitet worden[2]. Für die Rechtssubjekte des öffentlichen Rechts gehört diese Unterscheidung zur heute gesicherten Erkenntnis[3].

---

[1] Grundlegend *H. J. Wolff*, Organschaft und juristische Person, Bd. I, §§ 7-11, Bd.II, §§ 8-14.

[2] Vgl. *Bachof*, AöR 83 (1958), S. 208, 263 ff.; *Stern*, AöR 84 (1959), S. 273, 280 ff.

[3] Vgl. *Maurer*, Allgemeines Verwaltungsrecht, § 21 Rn. 6; *Wolff / Bachof*, Verwaltungsrecht I, § 32; *Erichsen* in: Erichsen / Martens, Allgemeines Verwaltungsrecht § 10 Rn. 31 ff.

2. Die Bedeutung des Begriffs der Teilrechtsfähigkeit im Privatrecht

Die Lehre von der Teilrechtsfähigkeit ist von Fabricius auch auf das Privatrecht übertragen worden[4]. Auch er geht ebenfalls vom Bestehen einer allgemeinen und einer besonderen Rechtsfähigkeit, die nur auf bestimmte Teilbereiche bezogen ist, aus[5] und weist auf dieser Grundlage die Teilrechtsfähigkeit beim werdenden Menschen sowie bei den Rechtsgemeinschaften des Zivilrechts, die keine juristischen Personen im Rechtssinne sind, nach[6]. Diese Systematisierung ist in der Lehre des Privatrechts überwiegend auf Skepsis gestoßen, wobei die Kritik sich vor allem dagegen richtet, daß mit dem Dogma der relativen Rechtsfähigkeit die Existenz der allgemeinen Rechtsfähigkeit, von der das Gesetz selbst ausgeht, vgl. § 1 BGB, in Frage gestellt werden kann[7]. Für den Geltungsbereich des Zivilrechts geht die herrschende Meinung deshalb nach wie vor von der Unterteilung in rechtsfähige Personenmehrheiten und nichtrechtsfähige Personenmehrheiten, bei denen die Rechte allein den Mitgliedern zustehen, aus[8]. Der Begriff der Teilrechtsfähigkeit besitzt hier nur insoweit Bedeutung, als mit ihm der Unterschied in der Rechtsfähigkeit von juristischer Person und natürlicher Person umschrieben wird[9].

3. Die Bedeutung des Begriffs der Teilrechtsfähigkeit für die Grundrechtsfähigkeit

Bereits an anderer Stelle wurde darauf hingewiesen, daß die Frage der Grundrechtsfähigkeit eine öffentlich-rechtliche Frage ist[10]. Schon von einem rechtsformalen Ansatz könnte deshalb im Rahmen der Grundrechtsfähigkeit mit dem Begriff der Teilrechtsfähigkeit gearbeitet werden[11]. Aber auch von einem An-

---

[4] *Fabricius*, Relativität der Rechtsfähigkeit, 1963.

[5] *Fabricius*, Relativität der Rechtsfähigkeit, S. 50-61.

[6] *Fabricius*, (Fn. 5), S. 111 ff.

[7] Vgl. *Rittner*, Die werdende juristische Person, 1973, S. 270; *K. Schmidt*, Gesellschaftsrecht, S. 182.

[8] Vgl. *Larenz*, Allgemeiner Teil, S. 138; *Soergel / Hadding* vor § 21 Rn. 22; *Palandt / Heinrichs* vor § 21 Rn. 8 ff.

[9] *Larenz*, Allgemeiner Teil, S. 135.

[10] Siehe oben im 2. Kapitel unter A II 2.

[11] Vgl. hierzu auch *Rittner*, Die werdende juristische Person, 1973, S. 195 f.

satz, der funktional auf den Inhalt der Grundrechtsfähigkeit abstellt, muß bei Art. 19 III GG auf den Begriff der Teilrechtsfähigkeit zurückgegriffen werden.

Zum einen ist zu beachten, daß sich die nach bürgerlichem Recht bestimmten Personenmehrheiten zustehende (Voll-)Rechtsfähigkeit eben auch nur auf die Trägerschaft *bürgerlicher* Rechte bezieht, die Frage, ob einem Rechtsträger Grundrechte zustehen, aber von der umfassenderen Regelungsmaterie des Staatsrechts abhängig ist[12]. Zum zweiten ist die Grundrechtsfähigkeit der juristischen Person gemäß Art. 19 III GG selbst nur eine partielle[13]. Dient aber das einfache Recht als Anknüpfungspunkt für die Grundrechtsfähigkeit[14], kann auf dieser Ebene nicht mehr verlangt werden, als die in dem grundrechtlichen Schutzbereich liegende Teilrechtsfähigkeit.

Auch hier ist schließlich jene Erkenntnis wieder von Bedeutung, die schon bei den Anforderungen an die organisatorische Seite der Grundrechtsperson eine Rolle gespielt hat: die juristische Person im Sinne des Zivilrechts zeichnet sich gerade auch durch ihre eigene Rechtsstellung in bezug auf die Haftung für Verbindlichkeiten und Rechtsverletzungen aus. Insoweit kommt der allgemeinen Rechtsfähigkeit dort also auch die Aufgabe zu, eine Haftungsorganisation zu schaffen. Diese Fragen spielen bei Art. 19 III GG aber keine Rolle[15].

Für die potentielle Grundrechtsperson kann also von dem Begriff der Teilrechtsfähigkeit ausgegangen werden.

Die insoweit zu stellenden Anforderungen sollen im folgenden herausgearbeitet werden.

II. Die Teilrechtsfähigkeit als Zuweisung eigener Rechtspositionen der Kollektiveinheit

Zunächst bedarf es im Hinblick auf die nähere Spezifizierung der für Art. 19 III GG erforderlichen einfach-rechtlichen Teilrechtsfähigkeit der genauen Prüfung, daß die Kollektiveinheit selbst auch Adressat einzelner Rechte ist.

---

[12] *Schnapp* in: Ergänzbares Lexikon des Rechts, Bd. 1, Lfg. 10, 5 / 360; *K. Schmidt*, Gesellschaftsrecht, S. 182.

[13] Siehe schon oben im 1. Kapitel unter C I.

[14] Siehe oben im 1. Kapitel unter B III.

[15] *Ramm*, Die Freiheit der Willensbildung, 1960, S. 26; siehe hierzu schon oben im 2. Kapitel unter A II 2.

Erforderlich ist also die Möglichkeit einer Trennung zwischen den Rechtssphären der einzelnen natürlichen Personen – auch in ihrer Addition – und der Rechtssphäre der Kollektiveinheit. Dieses bedeutet einerseits, daß auf der „Passivseite" Eingriffe in Rechtspositionen der potentiellen Grundrechtsperson sich nicht immer zugleich auch als Eingriffe in Rechtspositionen der hinter ihr stehenden natürlichen Personen erweisen dürfen[16]. Gleichzeitig muß aber auch auf der „Aktivseite" die Feststellung getroffen werden können, daß sich die Teilrechtsfähigkeit der potentiellen Grundrechtsperson gegenüber ihren Mitgliedern als *überschießende* Rechtsfähigkeit im Sinne eines „aliuds" oder gar „maius" an Rechtspositionen erweist. Diese Feststellung folgt aus dem Gedanken, daß Art. 19 III GG ein überschiessendes personales Kräfte- und Wirkungspotential grundrechtlich erhalten will[17]. Wenn ein solches Potential erhalten werden soll, muß es aber auch meßbar, d.h. einfach-rechtlich nachvollziehbar sein. Wenn das BVerfG die Beantwortung der Frage, ob eine nichtrechtsfähige Personenvereinigung *als solche* Trägerin von Grundrechten sein kann, davon abhängig macht, ob und welche Rechte die Personengruppe nach allgemeinem Recht hat[18], so kann es auch hier nur um die Rechte der Personenmehrheit *als solche* gehen.

Der Grundrechtsperson müssen also – vermittelt über die aus ihrer inneren Ordnung folgenden Willens- und Handlungsfähigkeit – von der Rechtsordnung eigene, d.h. auf ihre Kollektivität abstellende, Rechtspositionen eingeräumt werden.

III. Die Teilrechtsfähigkeit als externe Rechtsfähigkeit

Nicht jede Zuweisung von Rechtssätzen führt zugleich auch zu einer Verselbständigung des Adressaten zum eigenständigen Rechtssubjekt. Hier stellt sich vielmehr zusätzlich die Notwendigkeit der Abgrenzung einer rechtlich selbständigen Einheit von einem bloßen Organ im Innenverhältnis eines übergeordneten Rechtssubjekts.

---

[16] *Isensee* in: Isensee / Kirchhof, HdbStR V, § 118 Rn. 32; ähnlich *Rüfner* in: Isensee / Kirchhof, HdbStR V, § 116 Rn. 56, der insoweit aber zu sehr auf die zivilrechtliche Rechtsfähigkeit abstellt.

[17] Vgl. hierzu *Dürig* in: Maunz / Dürig Art. 19 Abs. III Rn. 3.

[18] BVerfGE 6, 273, 277.

Eine derartige Differenzierung wurde für das öffentliche Recht zunächst von Rupp[19] herausgearbeitet. Nach ihm ist zwischen dem Rechtsverhältnis des Außenbereichs – zwischen Staat und Staatsbürger – sowie dem des Innenbereichs – Organverhältnis und Organwalterverhältnis – zu unterscheiden, die er der herkömmlichen Zweiteilung von Rechtsverordnung und Verwaltungsverordnung gegenüberstellt.

Ossenbühl hat später die Differenzierung zwischen interner und externer Rechtsfähigkeit als für die Rechtsdogmatik vervollständigend neben die Unterscheidung von Vollrechtsfähigkeit und Teilrechtsfähigkeit gestellt[20]. Diese Differenzierung entspricht dem auch heute noch geltenden Verständnis in der Verwaltungsrechtslehre[21].

Auch im Privatrecht wird von der Unterteilung der Rechtssubjektivität in Innen- und Außenrecht ausgegangen. Dabei bezieht sich das Innenrecht auf die Rechtsbeziehungen zwischen dem Verband und seinen Mitgliedern sowie die Zuständigkeiten der Organe, während das Außenverhältnis die Tätigkeit der Vereinigung als solche, die Vertretung im Rechtsverkehr und bei Prozessen, die Haftung für gemeinsame Schulden und die Verantwortlichkeit für drittschädigendes Verhalten betrifft[22].

Die Unterscheidung der Rechtsfähigkeit in Innenrechtsfähigkeit und Außenrechtsfähigkeit ist auch bei der Frage nach dem Inhalt der für die Grundrechtsfähigkeit zu fordernden Teilrechtsfähigkeit von Bedeutung, da sie zu den Seinsstrukturen *jedes* Gemeinschaftsrechts gehört[23]. Für die potentielle Grundrechtsperson bedeutet das, daß sie nur dann Grundrechtsfähigkeit erlangen kann, wenn sie in bezug auf die ihr zugewiesenen Rechtspositionen in einem Außenverhältnis gegenüber dem Staat oder Dritten steht, vermöge dessen sich die zugewiesene Rechtsposition auch als grundrechtsrelevant entwickeln kann. Damit müssen unter dem Gesichtspunkt fehlender Teilrechtsfähigkeit im Sinne von Art. 19 III GG alle Rechtsträger ausgeschlossen werden, die im gesellschafts- oder verbandsrechtlichen Sinne lediglich Subjekt organrechtlicher Funktionen

---

[19] *Rupp*, Grundfragen der heutigen Verwaltungsrechtslehre, 1965, S. 19 ff., 81 ff., 104 ff.

[20] *Ossenbühl*, Verwaltungsvorschriften und Grundgesetz, 1968, S. 165.

[21] Vgl. *Maurer*, Allgemeines Verwaltungsrecht, § 21 Rn. 25 ff.; *Erichsen* in: Erichsen / Martens, § 10 Rn. 36.

[22] *Wiedemann*, Gesellschaftsrecht I, S. 83, der allerdings auch die Geschäftsführung zum Bereich des Außenrechts zählt, was abzulehnen ist, da sie allein Ausdruck innerrechtlicher Kompetenzverteilung ist, vgl. *K. Schmidt*, Gesellschaftsrecht, S. 149.

[23] *Wiedemann*, a.a.O.

sind[24]. Ebenso kommen all jene Erscheinungsformen von Personenmehrheiten, die allein auf der Stufe von Innengesellschaften begrenzt bleiben, nicht als Grundrechtssubjekte in Betracht[25].

IV. Zusammenfassung

Um als Grundrechtssubjekt in Frage zu kommen, muß die potentielle Grundrechtsperson eine partielle Rechtsfähigkeit besitzen.

Diese Rechtsfähigkeit muß sich als eine gegenüber ihren Mitgliedern eigenständige Rechtsfähigkeit erweisen.

Schließlich müssen die Rechtspositionen der Grundrechtsperson auf dem Gebiet des Außenrechts liegen.

B. Der Betriebsrat als teilrechtsfähiges Rechtssubjekt im Sinne von Art. 19 III GG

I. Der Betriebsrat als teilrechtsfähiges Rechtssubjekt

Soll eine Organisation als Grundrechtsperson anerkannt werden, so ist zunächst erforderlich, daß sie eine partielle Rechtsfähigkeit besitzt, also Zuordnungssubjekt einfach-rechtlicher Rechte und Pflichten ist. Im Hinblick auf die potentielle Grundrechtsperson Betriebsrat stehen dabei die Normen des BetrVG im Mittelpunkt, die im wesentlichen die Rechtsstellung des Betriebsrats regeln[26]. Insoweit muß also ein positiver Befund einer Rechtsträgerschaft im dargestellten Sinne möglich sein.

Für den Personalrat hat das BVerwG in einer jüngst ergangenen Entscheidung[27] die Teilrechtsfähigkeit ausdrücklich anerkannt und zur Begründung auf dessen Fähigkeit, Träger von Rechten und Pflichten nach dem Bundespersonal-

---

[24] Im Ergebnis so auch *von Mutius*, Jura 1983, 30, 38.

[25] So auch *K. Schmidt*, Gesellschaftsrecht, S. 182.

[26] Zu den Fällen, in denen der Betriebsrat Adressat außerbetriebsverfassungsrechtlicher Normen ist, siehe unten in diesem Abschnitt unter III 2.

[27] BVerwG, Beschluß vom 9.3.1992, BVerwGE 90, 76 ff.

vertretungsgesetz zu sein, sowie dessen Beteiligungsfähigkeit im personalvertretungsrechtlichen Beschlußverfahren verwiesen[28].

Die Frage der Rechtsfähigkeit des Betriebsrats wird von der h.M. dahingehend beantwortet, daß der Betriebsrat Rechtssubjekt ist, diese Rechtsfähigkeit aber allein auf das Betriebsverfassungsrecht begrenzt ist[29]. Der Betriebsrat nimmt hiernach die betriebsverfassungsrechtlichen Rechte selbständig, eigenverantwortlich und im eigenen Namen wahr[30]. Den grundlegenden Nachweis der Rechtsfähigkeit des Betriebsrats hat Kreutz geführt[31]. Nach ihm ist für die Bejahung der Rechtsfähigkeit des Betriebsrats entscheidend, daß die Kategorien die der Gesetzgeber zur Gestaltung von Rechtsverhältnissen im gesamten Recht verwendet, nämlich die des subjektiven Rechts, der Rechtspflicht sowie der Handlungsfähigkeit auch hinsichtlich des Betriebsrats vorliegen. Nach der Auffassung von Thiele[32] ist im Gegensatz hierzu zwischen den echten Mitbestimmungsbefugnissen, insbesondere also der Mitbestimmung in sozialen Angelegenheiten, und den Mitwirkungsrechten, also den auf die personellen und wirtschaftlichen Angelegenheiten bezogenen Rechten, zu differenzieren. Nur für die Mitwirkungsrechte soll eine Rechtsträgerschaft des Betriebsrats in Frage kommen, während bei den Mitbestimmungsrechten die Belegschaft selbst als Rechtsträger angesehen wird.

Indessen führt aber allein die unbeschränkte Anerkennung einer betriebsverfassungsrechtlichen Rechtsfähigkeit des Betriebsrats selbst zu sachgerechten Ergebnissen. Entscheidend ist insoweit schon der Blick auf das durch das BetrVG vermittelte positive Recht[33]. Sowohl bei den Mitbestimmungsrechten im engeren Sinne, also den §§ 87 I, 98 I BetrVG, als auch bei den Mitwirkungsrechten der §§ 90 Satz 1, 92 I, 99 I, 111 Satz 1 BetrVG sowie den §§ 91, 93, 95 II, 96 I und 104 BetrVG ist allein der Betriebsrat Adressat der jeweili-

---

[28] BVerwGE 90, 76, 79 ff., kritisch zur Anerkennung der Teilrechtsfähigkeit des Personalrats *Simianer*, Die Personalvertretung 1994, 300 ff.

[29] Vgl. nur *von Hoyningen-Huene*, Betriebsverfassungsrecht, § 4 II 1 c, der die betriebsverfassungsrechtliche Rechtsfähigkeit als Gegenbegriff der allgemeinen (zivilrechtlichen) Rechtsfähigkeit gegenüberstellt; ebenso *Schneider* in: D. / K. / K. / S., Einl. 113.

[30] Std. Rechtspr. des BAG, vgl. nur BAG AP Nr. 4 zu § 102 BetrVG 1972, unter III 1; *Fitting / Auffarth / Kaiser / Heither* § 1 Rn. 90; *Kraft* in: GK-BetrVG, § 1 Rn. 47; *Dietz / Richardi* § 1 Rn. 16.

[31] *Kreutz*, Grenzen der Betriebsautonomie, 1979, S. 18 ff.

[32] *Thiele* in: GK-BetrVG (4. Aufl.), Einl. 35 ff.

[33] Zur positivistischen Methode der Ermittlung eines Rechtsträgers, siehe *K. Schmidt*, Gesellschaftsrecht, S. 172 ff.

gen Rechtsposition. Allein dem Betriebsrat steht es zu, diese Rechte auch gerichtlich durchzusetzen, vgl. die §§ 10, 83 III ArbGG, wobei weder der einzelne Arbeitnehmer, noch die Belegschaft Beteiligte des Verfahrens vor dem Arbeitsgericht sind[34]. Schließlich kann der Betriebsrat auch in der Zwangsvollstreckung Vollstreckungsgläubiger und Vollstreckungsschuldner sein, vgl. § 85 ArbGG.

Aber auch der Blick auf die durch das Betriebsverfassungsrecht konstituierten *Pflichten* führt nur auf den Betriebsrat zurück. Derartige Pflichten sind insbesondere in dem Bündel der §§ 2 I, 74 I und II BetrVG enthalten und verpflichten allein den Betriebsrat gegenüber dem Arbeitgeber. Geht es also wie in § 74 II Satz 3 BetrVG um das Verbot der parteipolitischen Betätigung, so steht außer Zweifel, daß der Betriebsrat *als Gremium* in seinem gesamten Wirkungsbereich und in all seinen Verlautbarungen diesem Verbot unterfällt[35]. Gegenüber Dritten begründen die §§ 89 I und 96 I BetrVG spezifische Pflichten des Betriebsrats. Der Verstoß gegen diese Pflichten wirkt sich nicht auf die Rechtsverhältnisse der Arbeitnehmer aus, auch hier bleibt allein der Betriebsrat Anspruchsgegner im arbeitsgerichtlichen Beschlußverfahren.

Nach alledem kann damit festgestellt werden, daß der Betriebsrat nach positivem Recht Zuordnungssubjekt von Rechten und Pflichten ist.

An der Anerkennung dieser Rechtsträgerschaft ändert auch die Tatsache nichts, daß die Belegschaft letztlich Interessenträger der Rechte des Betriebsrats ist[36]. Auch die juristische Person des einfachen Rechts ist nämlich nur um der Menschen willen, d.h. der hinter ihr stehenden natürlichen Personen, denen ihre Befugnisse nutzen und dienen und deren gemeinsame Zweckverfolgung das Lebensgesetz eines jeden Verbandes bildet[37], dar. Auf die Rechtsträgerschaft der juristischen Person wirkt sich dieses jedoch ebenso nicht aus.

---

[34] BAG AP Nr. 3 zu § 80 ArbGG, Bl. 101 R; Versuche die Belegschaft selbst als Rechtsträger anzusehen, müssen spätestens hier scheitern, so auch *Kreutz*, Grenzen der Betriebsautonomie, 1979, S. 20.

[35] *Hofmann*, Das Verbot der parteipolitischen Betätigung im Betrieb, 1984, S. 99.

[36] So aber *Zöllner / Loritz*, § 45 II.

[37] *Wiedemann*, Gesellschaftsrecht I, S. 10 f.

II. Die Eigenständigkeit der Rechtsstellung des Betriebsrats

Ist der Betriebsrat also Zuordnungssubjekt von Rechten und Pflichten, gilt es nun, aus der Sicht des Art. 19 III GG zu prüfen, ob mit dieser Rechtsstellung auch eigenständige, der Kollektiveinheit zurechenbare, Positionen vorhanden sind. Die dem Betriebsrat zugewiesenen Rechtspositionen müssen sich also von jenen der einzelnen Arbeitnehmer abgrenzen lassen.

1. Die betriebsverfassungsrechtlichen Rechte als nicht den Arbeitnehmern originär zustehende Rechte

Zunächst kann bei Gegenüberstellung individualrechtlicher Positionen der Arbeitnehmer und der durch die Mitwirkungs- und Mitbestimmungsrechte des BetrVG vermittelten Rechtspositionen des Betriebsrats ein genereller Wesensunterschied festgestellt werden. Auf der Ebene des Individualarbeitsrechts werden die Modalitäten der Erbringung der Arbeitsleistung weitgehend einseitig durch das Direktionsrecht des Arbeitgebers bestimmt, zu dem grundsätzlich auch die betriebliche Organisation gehört[38]. Einschränkungen im Hinblick auf eine Beteiligung des einzelnen Arbeitnehmers ergeben sich lediglich aus der Fürsorgepflicht des Arbeitgebers, die allgemein aus § 242 BGB abgeleitet wird[39]. Eine Kodifikation dieser ungeschriebenen Pflichten stellen die Normen der §§ 81-86 BetrVG dar, die systematisch dem Individualarbeitsrecht zuzuordnen sind und lediglich eine Klarstellungsfunktion haben[40]. Hierbei handelt es sich auch um Informations-, Anhörungs- und Erörterungsrechte. Diese Normen verfolgen aber eine eigene Zielsetzung und stehen selbständig neben den Rechten des Betriebsrats. Zunächst geht es nämlich nur um Angelegenheiten, die räumlich auf den Bereich „rund um den Arbeitsplatz" des individuellen Arbeitnehmers beschränkt sind[41]. Darüber hinaus enthalten sie aber auch keine Mitbestimmungsrechte im eigentlichen Sinne, sondern bleiben auf der Stufe von

---

[38] *Zöllner / Loritz*, § 6 I 8.

[39] *Wiese* in: GK-BetrVG, vor § 81 Rn. 12; zur Fürsorgepflicht des Arbeitgebers siehe auch *Zöllner / Loritz*, § 16.

[40] *Fitting / Auffarth / Kaiser / Heither* § 81 Rn. 12; *Hess / Schlochauer / Glaubitz* vor §§ 81-86 Rn. 2; *von Hoyningen-Huene*, Betriebsverfassungsrecht, § 13 III; *Wiese* in: GK-BetrVG, vor § 81 Rn. 18; *Dietz / Richardi* vor § 81 Rn. 1.

[41] *Dietz / Richardi* vor § 81 Rn. 1; *Niederalt*, Die Individualrechte des Arbeitnehmers nach dem Betriebsverfassungsgesetz 1972 (§§ 75, 81 ff.), 1976, S. 48.

Unterrichtung, Anhörung, Erörterung, Beschwerde oder Einsicht begrenzt[42]. Sofern es zu Überschneidungen von Individualrechten der Arbeitnehmer aus den §§ 87 ff. BetrVG mit den Mitbestimmungs- und Mitwirkungsrechten des Betriebsrats, beispielsweise aus den §§ 96 ff. BetrVG, kommt, kann der Arbeitgeber Rechte des Betriebsrats nicht mit der Begründung abwehren, sie würden allein in den Bereich der Individualrechte der Arbeitnehmer fallen[43]. Auf der anderen Seite gibt der Verstoß gegen das BetrVG durch den Arbeitgeber als solcher den Arbeitnehmern kein Zurückbehaltungsrecht aus dem Arbeitsvertrag[44]. Für die Einschränkung des Dispositionsrechts des Arbeitgebers haben vielmehr allein die Mitbestimmungsrechte des Betriebsrats die entscheidende Bedeutung[45].

Damit kann festgestellt werden, daß die dem Betriebsrat eingeräumten Rechtspositionen einen ausschließlich dem Betriebsrat zukommenden Zuweisungsgehalt haben.

2. Mitwirkungs- und Mitbestimmungsrechte als die Kollektiveinheit betreffende Rechte

Kann also eine Abgrenzung der Rechtssphären zwischen Betriebsrat und den einzelnen Arbeitnehmern insoweit vorgenommen werden, als die betriebsverfassungsrechtlichen Rechtspositionen einen – bezogen auf den Betriebsrat – eigenständigen Zuweisungsgehalt haben, so kann bei den Rechten des Betriebsrats aber auch in *inhaltlicher* Hinsicht eine Abgrenzung zwischen spezifisch betriebsverfassungsrechtlicher und individueller Ebene vorgenommen werden.

Betrachtet man den Kernbereich betriebsratlicher Mitbestimmung, nämlich die Mitbestimmung in sozialen Angelegenheiten nach den §§ 87 ff. BetrVG, so ist der überwiegende Teil der dort geregelten Mitbestimmungstatbestände schon vom Wortlaut her von vorneherein nur auf die Personenmehrheit Belegschaft zugeschnitten. Daraus schließt die h.M für den Bereich des § 87 BetrVG dessen grundsätzliche Nichtanwendbarkeit bei Maßnahmen, die im Hinblick auf Regelungsanlaß und -inhalt nur durch die individuellen Umstände des einzelnen

[42] *Wiese* in: GK-BetrVG, Einl. 48, 84.

[43] *Buschmann* in: D. / K. / K. / S., § 81 Rn. 2.

[44] BAG AP Nr. 58 zu Art. 9 GG Arbeitskampf, Bl. 4; *Konzen*, ZfA 1985, 469, 483; *Fitting / Auffarth / Kaiser / Heither* nach § 1 Rn. 39.

[45] *Zöllner / Loritz*, § 1 II (3).

Arbeitsverhältnisses veranlaßt worden sind und somit keinen kollektiven Bezug haben[46]. Aber auch dann, wenn es einmal primär um die Interessen eines einzelnen Arbeitnehmers geht, wie z.B. im Rahmen der sozialen Angelegenheiten bei § 87 I Nr. 5 und 9 BetrVG oder bei den personellen Einzelmaßnahmen nach den §§ 99 ff. BetrVG, kann vom Betriebsrat das Belegschaftsinteresse als vorrangig vor dem Individualinteresse zu berücksichtigen sein[47]. Die kollektive Zielsetzung steht auch bei den Mitwirkungsrechten im Bereich des betrieblichen Arbeitsschutzes der §§ 90, 91 BetrVG im Vordergrund[48]. Besonders deutlich wird sie auch bei der Mitbestimmung in wirtschaftlichen Angelegenheiten nach den §§ 111-113 BetrVG[49].

Daß diese kollektive Zielsetzung betriebsverfassungsrechtlicher Rechte sich im Einzelfall sogar *gegen* die Individualinteressen des einzelnen Arbeitnehmers richten kann, zeigt die Rechtsprechung des BAG zum kollektiven Günstigkeitsvergleich bei verschlechternden Betriebsvereinbarungen[50].

Aus alledem wird deutlich, daß die dem Betriebsrat zugewiesenen Rechte auch von ihrem Regelungsinhalt her von den Positionen der einzelnen Arbeitnehmer abgrenzbare Kollektivrechte darstellen[51].

3. Zwischenergebnis

Das Betriebsverfassungsrecht räumt dem Betriebsrat eine eigenständige Rechtsfähigkeit ein, die über die den einzelnen Arbeitnehmern zustehenden Rechtspositionen hinausgeht und sich nicht bloß als deren addierte Wahrnehmung erweist.

[46] *Klebe* in: D. / K. / K. / S., § 87 Rn. 16 mit weiteren Nachweisen aus der Rechtsprechung des BAG; *Fitting / Auffarth / Kaiser / Heither* § 87 Rn. 18; *Wiese* in: GK-BetrVG, § 87 Rn. 14 ff.; *Galperin / Löwisch* § 87 Rn. 6.

[47] *Wiese* in: GK-BetrVG, Einl. 48; eingehend hierzu *Heinze*, Personalplanung, Einstellung und Kündigung. Die Mitbestimmung des Betriebsrats bei personellen Maßnahmen, 1982, Rn. 736 ff.

[48] *Fitting / Auffarth / Kaiser / Heither* vor § 89 Rn. 6.

[49] Vgl. hierzu *Däubler* in: D. / K. / K. / S, § 111 Rn. 2.

[50] *von Hoyningen-Huene*, RdA 1992, 355, 356. Grundlegend zum kollektiven Günstigkeitsvergleich: BAG AP Nr. 17 zu § 77 BetrVG 1972 unter C II 4, siehe auch BAG AP Nr. 25 zu § 77 BetrVG 1972, unter III 1; kritisch hierzu *Kreutz* in: GK-BetrVG, § 77 Rn. 221 ff.

[51] So auch *Dietz / Richardi* vor § 74 Rn. 5; *Zöllner / Loritz*, § 43 I; *Niederalt*, Die Individualrechte des Arbeitnehmers nach dem Betriebsverfassungsgesetz 1972 (§§ 75, 81 ff.), 1976, S. 94.

Die Trennbarkeit der Rechtssphären zwischen Betriebsrat und den einzelnen Arbeitnehmern ist somit zu bejahen.

III. Der Betriebsrat als Außenrechtssubjekt

Wie oben festgestellt, ist für die Frage der Teilrechtsfähigkeit im Sinne von Art. 19 III GG erforderlich, daß die Teilrechtsfähigkeit eine Außenrechtsfähigkeit darstellt. Entscheidend ist dabei zu ermitteln, ob die dem Betriebsrat zukommenden Kompetenzen und Ansprüche selbst nur Organrechte und damit bloße Innenrechte innerhalb einer übergeordneten Organisationseinheit, die dann allein als Grundrechtssubjekt in Frage kommt, sind, oder ob sie Außenrecht darstellen. Dabei ist auf das Rechtsverhältnis des Betriebsrats zum Arbeitgeber, aber auch auf die Beziehungen des Betriebsrats zu außerbetrieblichen Dritten einzugehen.

1. Der Betriebsrat als Außenrechtssubjekt gegenüber dem Arbeitgeber

Da der Schwerpunkt betriebsratlicher Tätigkeit im Verhältnis zum Arbeitgeber liegt, ist in erster Linie diese Rechtsbeziehung daraufhin zu untersuchen, ob der Betriebsrat hier nicht bloß Aufgaben als Organ des Betriebs oder des Unternehmens wahrnimmt und damit als Grundrechtssubjekt ausscheidet.

a) Keine Organstellung im Betrieb oder Unternehmen in rechtstechnischer Hinsicht

Ohne Zweifel ist der Betriebsrat in *rechtstechnischer* Hinsicht jedenfalls kein Organ des Betriebs oder Unternehmens: sofern der Betrieb überhaupt eine juristische Person darstellt, ist der Betriebsrat wegen des Fehlens einer § 25 MitbestG entsprechenden Rechtsnorm nicht in die innerrechtliche Regelungsmaterie der juristischen Person integriert. Das BetrVG steht insoweit selbständig neben den Organisationsnormen des Gesellschaftsrechts[52].

---

[52] *Zöllner / Loritz*, § 51 I.

Sofern der Betrieb Einzelkaufmann ist, scheidet die Annahme einer Organstellung im rechtstechnischen Sinne schon begrifflich aus[53].

b) Keine Organstellung im Betrieb oder Unternehmen in funktioneller Hinsicht

Für die Frage des Vorliegens eines bloßen Innenrechtsverhältnisses kann man sich aber noch nicht mit dem Befund einer fehlenden Organeigenschaft im zivilrechtlichen Sinne begnügen. Eine bloße Innenbeziehung wäre nämlich auch unter dem Gesichtspunkt denkbar, daß das Betriebsverfassungsrecht ergänzend zu den zivilrechtlichen Rechtsnormen die Regelung von bloßem Innenrecht zum Gegenstand hat und damit den Betriebsrat der Institution des Aufsichtsrats zumindest nahegerückt haben könnte[54].

Ein Teil der heutigen Literatur scheint von einem derartigen Verständnis des Rechtsverhältnisses zwischen Arbeitgeber und Betriebsrat auszugehen. Nach von Hoyningen-Huene[55] besteht zwischen Arbeitgeber und Betriebsrat das sogenannte „Betriebsverhältnis“, welches er als schuldrechtliches Innenverhältnis, das wie das Gesellschaftsrecht nur innerhalb der Sphäre des Betriebs wirkt, versteht. Soweit aus diesem Rechtsverhältnis Regelungen für die Arbeitnehmer erwachsen, soll es sich dabei um ein Rechtsverhältnis mit Schutzwirkung für Dritte handeln. In die gleiche Richtung geht auch jene Auffassung, die Arbeitgeber und Betriebsrat zu „Verfassungsorganen“ der konstitutionellen Ordnung des Betriebs macht, wobei der Betriebsrat je nach Intensität der Beteiligungsrechte an der für die Gestaltung und Verwaltung des Betriebs und der Einzelarbeitsverhältnisse maßgebenden Willensbildung teilnehmen soll[56].

Gerade am Beispiel des Aufsichtsrats, der zwar auch echtes Organ im Rechtssinne ist[57], aber aufgrund des gemeinsamen Zwecks des Arbeitnehmerschutzes dem Betriebsrat näher kommt als andere Rechtsinstitute[58], läßt sich aber deut-

---

[53] *Rosset*, Rechtssubjektivität des Betriebsrats und Haftung seiner Mitglieder, 1985, S. 32.

[54] So in der Tat *Herschel* in: Gedenkschrift für Kahn-Freund 1980, S. 114, 117; ebenso *Jahnke*, RdA 1975, 343, 344.

[55] *von Hoyningen-Huene*, RdA 1992, 355, 357 f.; *ders.*, NzA 1989, 121 ff.; *ders.*, Betriebsverfassungsrecht, § 4 III 2.

[56] Vgl. *Fitting / Auffarth / Kaiser / Heither* § 1 Rn. 92; *Schneider* in: D. / K. / K. / S., Einl. 113.

[57] *Zöllner / Loritz*, § 51 IV 1; *Hanau / Ulmer*, MitbestG, § 25 Rn. 47.

[58] *Hanau / Ulmer*, MitbestG, Einl. 5.

lich aufzeigen, daß der Betriebsrat auch funktionell nicht als bloßes Innenrechtssubjekt einer übergeordneten Einheit Betrieb oder Unternehmen angesehen werden kann.

aa) Keine Interessenförderungspflicht des Betriebsrats

Zunächst ist das Kennzeichen eines jeden Organs die Interessenförderung für die übergeordnete Einheit[59]. Hier unterscheiden sich Aufsichtsrat und Betriebsrat aber schon elementar. Die Bindung des Aufsichtsrats an das Interesse des Unternehmens ist oberste Verhaltensmaxime für alle Aufsichtsratsmitglieder[60]. Aus der gemeinsamen Verantwortung aller Aufsichtsratsmitglieder für die sorgfältige Erfüllung der Organfunktionen gem. § 116 AktG folgt, daß bei Interessenkonflikten das Unternehmensinteresse grundsätzlich Vorrang vor dem Eigeninteresse oder dem Gruppeninteresse des jeweiligen Aufsichtsratsmitglieds hat[61]. Eine derartige Bindung des Betriebsrats bzw. seiner Mitglieder auf das Betriebs- oder Unternehmensinteresse existiert aber gerade nicht. Wie bereits festgestellt, repräsentiert der Betriebsrat die Interessen der Arbeitnehmer, seine Aufgabe ist es, primär dem sozialen Schutzbedürfnis der Arbeitnehmer Rechnung zu tragen. Etwas anderes ergibt sich auch nicht aus dem in den §§ 2 I, 74 I und II BetrVG normierten Grundsatz der vertrauensvollen Zusammenarbeit zwischen Arbeitgeber und Betriebsrat. Insbesondere können diese Normen nicht zur Grundlage eines zwischen Arbeitgeber und Betriebsrat bestehenden „Treuhandverhältnisses" in bezug auf die Wahrung des Unternehmens- bzw. Betriebsinteresses gemacht werden[62]. Die beiderseitige Verpflichtung zur vertrauensvollen Zusammenarbeit zum Wohle der Arbeitnehmer und des Betriebs schreibt vielmehr nur einen Weg vor, auf dem die Beteiligten zu einem Interessenausgleich kommen sollen und hat damit lediglich eine begrenzende Funktion für die jeweilige Wahrnehmung der Interessen[63]. Dieses ändert aber nichts daran,

---

[59] Siehe oben im 2. Kapitel unter B II 2 c.

[60] *Fitting / Wlotzke / Wißmann*, MitbestG, § 25 Rn. 94; *Hanau / Ulmer*, MitbestG, § 25 Rn. 93; *Raiser*, MitbestG, § 25 Rn. 98 ff.

[61] BGHZ 36, 307; *Hanau / Ulmer*, MitbestG, § 25 Rn. 96; *Fitting / Wlotzke / Wißmann*, MitbestG, § 25 Rn. 96; *Raiser*, MitbestG, § 25 Rn. 102.

[62] So freilich *Heinze*, ZfA 1988, 53, 73 ff.

[63] *Konzen*, ZfA 1985, 496, 482; *Thiele* in: GK-BetrVG (4. Aufl.), Einl. 83.

daß die Betriebsverfassung *bipolar*, also an der gegensätzlichen Interessenwahrnehmung von Arbeitgeber und Betriebsrat ausgerichtet ist[64].

bb) Keine Kontrollfunktion des Betriebsrats

Wesentlicher Schwerpunkt aufsichtsratlicher Tätigkeit ist die Kontrollfunktion gegenüber der Unternehmensleitung im Hinblick auf deren Geschäftsführung nach § 111 I AktG. Insoweit steht dem Aufsichtsrat eine umfassende Überwachungsaufgabe verbunden mit den hierzu erforderlichen Prüfungs- und Einsichtsrechten zu.

Im Gegensatz hierzu besitzt der Betriebsrat keine Kontrollfunktionen bezogen auf die Planungs-, Leitungs- und Organisationsbefugnisse des Arbeitgebers[65]. Für unternehmerische Initiativen seitens der Arbeitnehmer ist also im Rahmen der Betriebsverfassung kein Raum[66]. Gemäß § 77 I Satz 2 BetrVG sind Einwirkungen des Betriebsrats in diesem Bereich sogar ausdrücklich ausgeschlossen, es bestehen allein die Informations- und Beratungsrechte der §§ 106 ff. und 111 ff. BetrVG.

Auch insoweit fehlt es also funktionell an einer organrechtlichen Stellung des Betriebsrats gegenüber dem Betrieb oder Unternehmen.

cc) Keine Integration in die betriebliche oder unternehmerische Entscheidungssphäre

Mit der fehlenden Organfunktion des Betriebsrats korrespondiert auch die gegenüber dem Aufsichtsrat abweichende Umsetzung bzw. Durchsetzung der wahrzunehmenden Aufgaben. Beim Aufsichtsrat werden die Arbeitnehmerinteressen direkt durch ein gemeinsames, von Arbeitgeber- und Arbeitnehmervertretern paritätisch besetztes Organ wahrgenommen. Ein Beschluß dieses Organs ist Ausdruck organschaftlicher Funktion, gleichzeitig aber auch Umsetzung der Mitbestimmungsrechte auf wirtschaftlicher Ebene innerhalb des Unternehmens.

---

[64] *Kraft* in: GK-BetrVG, § 2 Rn. 13; *Gnade / Kehrmann / Schneider / Blanke / Klebe* § 2 Rn. 1; *Galperin / Löwisch* § 2 Rn. 12; *Hess / Schlochauer / Glaubitz* § 2 Rn. 2; *Rosset*, Rechtssubjektivität des Betriebsrates und Haftung seiner Mitglieder, 1985, S. 33.

[65] *Thiele* in: GK-BetrVG (4. Aufl.), Einl. 23.

[66] *von Hoyningen-Huene*, MünchArbR, Bd. 3, § 289 Rn. 28.

Demgegenüber ist der Betriebsrat allein mit Vertretern der Arbeitnehmer besetzt, der Beschluß dient hier nur der internen Willensbildung des Betriebsrats. Die *Umsetzung* der Arbeitnehmerinteressen erfolgt hier in der Form der Willenserklärung, sei es im Rahmen der Betriebsvereinbarung oder der Äußerung im Zusammenhang mit der Ausübung von einzelnen Mitbestimmungs- oder Mitwirkungsrechten. Der Betriebsrat ist damit also im Gegensatz zum Aufsichtsrat institutionell nicht in die jeweils relevanten Entscheidungsprozesse auf betrieblicher oder unternehmerischer Ebene integriert. Die Betriebsverfassung geht vielmehr von einem dualistischen Modell der Mitbestimmung aus, während die Unternehmensverfassung die Einbeziehung von Vertretern der Arbeitnehmer im Rahmen eines Intergrationsmodelles gelöst hat[67].

dd) Der Außenrechtsbezug betriebsverfassungrechtlicher Regelungsmaterie

Schließlich ist der Regelungsgegenstand des Betriebsverfassungsrechts im Gegensatz zum Mitbestimmungsrecht auch außenrechtsbezogen. Während es bei der unternehmerischen Mitbestimmung darum geht, bei der Erarbeitung und Realisierung der Unternehmenspolitik die den Unternehmensorganen schon bisher vorgegebene soziale Komponente auch institutionell abzusichern, ist das BetrVG in erster Linie darauf ausgerichtet, durch *eigene* Mitspracherechte des Arbeitnehmerrepräsentanten Betriebsrat dem sozialen Schutzbedürfnis des Arbeitnehmers Rechnung zu tragen[68]. Das Betriebsverfassungsrecht ist insoweit aber an der Gestaltung der zwischen Arbeitgeber und Arbeitnehmer bestehenden, aus dem Arbeitsvertrag resultierenden, Rechtsbeziehungen orientiert. Auch die Normen des BetrVG, die keine Rechte des einzelnen Arbeitnehmers zum Gegenstand haben – vor allem also die Normen über die Mitbestimmung – haben trotz ihres kollektiven Bezuges eine arbeitsvertragliche Relevanz[69]. Sie können sogar, wie am Beispiel der Betriebsvereinbarung verdeutlicht werden kann, unmittelbar auf die Rechtsverhältnisse der Arbeitnehmer einwirken, vgl. § 77 IV BetrVG. Es geht also – wenn auch in kollektiver Zielrichtung – um die dem Betriebsrat zur eigenen Wahrnehmung eingeräumte Begrenzung der arbeitsvertraglichen Dispositionsbefugnis des Arbeitgebers

---

[67] *Wiese* in: GK-BetrVG, Einl. 38.

[68] So auch *Hanau / Ulmer*, MitbestG, Einl. 5.

[69] *Wiese* in: GK-BetrVG, vor § 81 Rn. 19.; *Fitting / Auffarth / Kaiser / Heither* § 1 Rn. 81; *Dietz / Richardi* § 1 Rn. 1; *Galperin / Löwisch* vor § 1 Rn. 5.

gegenüber den Arbeitnehmern. Mit anderen Worten: die betriebsverfassungsrechtlichen Mitbestimmungs- und Mitwirkungsrechte haben also in ihrer Wirkungsweise regelmäßig Außenrechtsbezug[70].

Demgegenüber haben die Mitbestimmungsrechte auf der Unternehmensebene allenfalls mittelbar Außenrechtsbezug auf die Arbeitnehmer: sie wirken sich auf die wirtschaftliche Situation des Unternehmens oder auf die unternehmenspolitischen Grundentscheidungen aus, die dann wiederum indirekt die Situation der einzelnen Arbeitnehmer beeinflussen können.

c) Zwischenergebnis

Der Betriebsrat besitzt weder in rechtstechnischer noch in funktioneller Hinsicht die für die Annahme einer Innenrechtsbeziehung erforderliche Organstellung zum Betrieb oder zum Unternehmen. Insoweit fehlt es an einer dem Aufsichtsrat vergleichbaren Interessenförderungspflicht oder Kontrollfunktion gegenüber dem Betrieb oder Unternehmen. Auch haben die betriebsverfassungsrechtlichen Rechte im Gegensatz zu den Rechten des Aufsichtsrats in ihrer Wirkungsweise Außenrechtsbezug.

Damit stellt das Rechtsverhältnis zwischen dem Betriebsrat und dem Arbeitgeber ein Außenrechtsverhältnis dar.

2. Das Außenrechtsverhältnis zu betriebsfremden Dritten

Unbestritten liegt der Schwerpunkt des Wirkungskreises des Betriebsrats im Verhältnis zum Arbeitgeber. Darüber hinaus kann der Betriebsrat aber auch in Rechtsbeziehungen zu betriebsfremden Dritten treten[71]. Derartige Rechtsbeziehungen lassen sich sowohl im Betriebsverfassungsrecht als auch in anderen Rechtsnormen[72] nachweisen. Dabei soll es hier nicht um die Frage gehen, in-

---

[70] Daß aber die Arbeitnehmer *selbst* nicht Mitglieder einer möglichen juristischen Grundrechtsperson des Arbeitgebers sind und damit auch gegenüber dem Arbeitgeber als Außenrechtssubjekte in verfassungsrechtlicher Hinsicht anzusehen sind, ergibt sich schon aus dem Mitbestimmungsurteil des BVerfVG, vgl. BVerfGE 50, 290, 348 und 357.

[71] Vgl. zum Ganzen *Plander*, AuR 1993, 161 ff.; *Brill*, AuR 1981, 202 ff.; *Schneider* in: D. / K. / K. / S., Einl. 118 ff.

[72] Vom Ansatz unzureichend daher *von Hoyningen-Huene*, RdA 1992, 355, 365, der sich bei der Untersuchung möglicher Drittbeziehungen allein auf das BetrVG beschränkt.

wieweit sich aus Rechtsstellung und Funktion des Betriebsrats eine generelle Ermächtigung zur Begründung von Außenrechtsbeziehungen ableiten läßt[73]. Vielmehr soll nur der Nachweis geführt werden, daß derartige Außenbeziehungen *überhaupt* schon Gegenstand rechtlicher Regelung sind.

Zunächst begründet die Generalklausel des § 2 I BetrVG, die durch die Normen der §§ 31, 35 I, 43 IV und 46 BetrVG näher konkretisiert wird, ein Kooperationsverhältnis zwischen den im Betrieb vertretenen Gewerkschaften und dem Betriebsrat. Hieraus ergibt sich für den Betriebsrat eine Pflicht zur Zusammenarbeit, die sich auf seinen gesamten Tätigkeitsbereich bezieht[74], ohne daß allerdings eine korrespondierende Verpflichtung der Gewerkschaften zur Zusammenarbeit mit dem Betriebsrat besteht[75].

Besondere Bedeutung im Zusammenhang mit der Begründung von Rechten *und* Pflichten haben aber auch jene Normen, die die Zusammenarbeit des Betriebsrats mit Behörden regeln. Insoweit lassen sich in ihrer Intensität gestaffelte Rechtsbeziehungen zwischen Betriebsräten und Behörden feststellen. Auf der untersten Stufe stehen dabei die Normen, wie z.B. die §§ 8 I, 72 I Satz 1 und Ia Satz 2 sowie 88 II Satz 3, 1. Halbs. AFG, die dem Betriebsrat gegenüber dem Arbeitgeber das Recht einräumen, Stellungnahmen zu Anträgen, Anzeigen oder sonstigen Erklärungen, die dieser gegenüber Behörden abgibt, beizufügen. Auf der zweiten Stufe befinden sich jene Vorschriften, die unmittelbare Anhörungs- bzw. Anrufungsrechte des Betriebsrats gegenüber Behörden zum Gegenstand haben. So ist der Betriebsrat im Zusammenhang mit anzeigepflichtigen Entlassungen nach den §§ 17 ff. KSchG berechtigt, gegenüber dem Arbeitsamt Stellungnahmen abzugeben, vgl. § 17 III Satz 7 KSchG; § 20 I KSchG verpflichtet das Landesarbeitsamt vor der Entscheidung über eine Entlassungssperre neben dem Arbeitgeber *auch* den Betriebsrat anzuhören. § 17 II SchwbG sieht vor, daß die Hauptfürsorgestelle vor ihrer Entscheidung, ob sie der Kündigung eines Schwerbehinderten zustimmt, die Stellungnahme des Betriebsrats einzuholen hat. § 6 II Satz 3 MontanMitbestG bestimmt, daß der Betriebsrat im Zusammenhang mit der Nominierung von Kandidaten für den Aufsichtsrat den Bundesminister für Arbeit und Sozialordnung anrufen kann. Eigene Anzeige-

---

[73] Vgl. hierzu insbesondere *Plander*, AuR 1993, 161, 164 ff.

[74] *Fitting / Auffarth / Kaiser / Heither* § 2 Rn. 31 f.; *Kraft* in: GK-BetrVG, § 2 Rn. 23; *Dietz / Richardi* § 2 Rn. 25, 73; *Berg / Trümmer* in: D. / K. / K. / S., § 2 Rn. 24.

[75] BAG AP Nr. 12 zu § 76 BetrVG 1972, Bl. 2; *Däubler*, Gewerkschaftsrechte im Betrieb, Rn. 168; *Fitting / Auffarth / Kaiser / Heither* § 2 Rn. 33; *Kraft* in: GK-BetrVG, § 2 Rn. 24; *Berg/ Trümmer* in: D. / K. / K. / S, § 2 Rn. 24; *Galperin / Löwisch* § 2 Rn. 31.

und Antragsrechte sehen auch die Normen der §§ 72 I Satz 2, 81 I Satz 1, 88 II Satz 3, 2. Halbs. AFG vor. Darüber hinaus besitzt der Betriebsrat im Zusammenhang mit Straftaten nach § 119 I BetrVG[76] gemäß § 119 II BetrVG das Antragsrecht; das gleiche gilt für die Ordnungswidrigkeiten nach § 121 BetrVG, die ebenfalls vom Betriebsrat angezeigt werden können[77]. Auf der dritten Stufe sind schließlich all jene Normen zu nennen, die gegenseitige Kooperationsverhältnisse zwischen Betriebsrat und Behörden zum Gegenstand haben. Aus dem BetrVG ist dabei zunächst auf § 89 I und II hinzuweisen, der im Rahmen des Arbeitsschutzes im Verhältnis des Betriebsrats zu den zuständigen Behörden Unterstützungspflichten, aber auch ein Beteiligungsrecht begründet. Diese Vorschrift wird durch § 12 II Nr. 1 ASiG ergänzt, der ein Anhörungsrecht des Betriebsrats vorsieht. Nach § 96 I BetrVG haben Arbeitgeber und Betriebsrat im Rahmen der betrieblichen Personalplanung und in Zusammenarbeit mit den für die Berufsbildung zuständigen Stellen die Berufsbildung der Arbeitnehmer zu fördern. Auch hier sind die bezeichneten Stellen verpflichtet, dem Betriebsrat beratend und helfend zur Seite zu stehen[78], gleichzeitig kann der Betriebsrat aber auch nach § 24 BBiG ein Untersagungsverfahren gegen den Arbeitgeber durch entsprechende Anregung bei der zuständigen Stelle in Gang bringen[79].

Zusammenfassend kann also festgestellt werden, daß eine Vielzahl von Normen Rechtsbeziehungen des Betriebsrats zu außerhalb des Betriebs stehenden Institutionen vorsieht. Im Mittelpunkt stehen dabei die Rechtsbeziehungen des Betriebsrats zu Behörden. Diese räumen dem Betriebsrat verfahrensrechtliche Rechte und Pflichten ein und haben eine Unterstützungsfunktion für die betriebsverfassungsrechtliche bzw. behördliche Aufgabenwahrnehmung. Auch diese Normen machen damit deutlich, daß der Betriebsrat nicht auf den Innenbereich des Betriebs oder Unternehmens beschränkt ist.

---

[76] Siehe näheres hierzu unten zu 3.

[77] *Trümmer* in: D. / K. / K. / S., § 121 Rn. 22; *Plander*, AuR 1993, 161, 164; *Brill*, AuR 1981, 202, 208.

[78] *Brill*, AuR 1981, 202, 204 m.w.N.

[79] *Fitting / Auffarth / Kaiser / Heither* § 98 Rn. 27; *Brill* (Fn.78), S. 205.

3. Der strafrechtliche Schutz betriebsverfassungsrechtlicher Tätigkeit

Nach § 119 I und II BetrVG ist der Betriebsrat selbst auch strafrechtlich geschützt. Geschütztes Rechtsgut ist dabei die von außen nicht gestörte Bildung sowie die von außen nicht behinderte Tätigkeit des Betriebsrats, die Strafandrohung richtet sich also gegen jedermann[80]. Geht man davon aus, daß das Strafrecht die Aufgabe hat, die elementaren Grundwerte des Gemeinschaftslebens zu sichern, die Erhaltung des Rechtsfriedens im Rahmen der sozialen Ordnung zu gewährleisten und das Recht im Konfliktsfall gegenüber dem Unrecht durchzusetzen[81], so setzt dieses voraus, daß eine von der Allgemeinheit anerkannte und als schützenswert betrachtete Rechtsposition überhaupt vorhanden ist[82]. Indem das BetrVG den Betriebsrat auch strafrechtlich schützt, macht es aber deutlich, daß hier schützenswerte auch *allgemein ausgerichtete* Rechtspositionen bestehen. Hieraus läßt sich zumindest als Indiz die allgemeine Außenrechtsstellung des Betriebsrats ableiten. Dieses muß insbesondere schon deshalb gelten, weil in den Organisationsnormen des Gesellschaftsrechts vergleichbare Regelungen nicht vorhanden sind[83], der Gesetzgeber im innerorganisatorischen Bereich also auf die Selbstregelungskräfte der Organisationen vertraut und sich eines strafrechtlichen Schutzes einzelner Organe enthält[84].

Damit weist auch der strafrechtliche Schutz des Betriebsrats auf dessen Rechtsstellung als Außenrechtssubjekt hin.

IV. Ergebnis

Der Betriebsrat besitzt eine Teilrechtsfähigkeit auf dem Gebiet des Betriebsverfassungsrechts. Dieses räumt dem Betriebsrat eine eigenständige Rechtsfähigkeit ein, die über die den einzelnen Arbeitnehmern zustehenden Rechtspositionen hinausgeht und von diesen trennbar ist. Sowohl aus dem Rechts-

---

[80] *Hess / Schlochauer / Glaubitz* § 119 Rn. 3 f.; *Kraft* in: GK-BetrVG, § 119 Rn. 3; *Dietz / Richardi* § 119 Rn. 2; *Fitting / Auffarth / Kaiser / Heither* § 119 Rn. 1; *Galperin / Löwisch* § 119 Rn. 2.

[81] So BVerfGE 51, 324, 343.

[82] Vgl. hierzu *Roxin*, Strafrecht, Allgemeiner Teil, Band I, § 2.

[83] Hierauf weisen auch *Fitting / Auffarth / Kaiser / Heither* § 119 Rn. 1 hin.

[84] So haben die Strafrechtsnormen der §§ 331 ff. HGB, 399 ff. AktG, 82 ff. GmbHG, 147 ff. GenG immer nur den Schutz Dritter oder der Organisation als Ganzes zum Gegenstand.

verhältnis zum Arbeitgeber als auch zu außerbetrieblichen Dritten ergibt sich, daß die Rechtsfähigkeit des Betriebsrats auch eine Außenrechtsfähigkeit darstellt.

Viertes Kapitel

Die abstrakte Grundrechtsfähigkeit des Betriebsrats nach Art. 19 III GG

A. Die Problematik des dualistischen Verständnisses des Wesensbegriffs im Sinne der herrschenden Meinung

Wie bereits dargestellt, geht die herrschende Meinung bei der Beantwortung der abstrakten Grundrechtsfähigkeit einer potentiellen Grundrechtsperson von der rechtsformspezifischen Differenzierung zwischen den juristischen Personen des Privatrechts und jenen des öffentlichen Rechts, die in jüngerer Zeit zu einer Differenzierung zwischen öffentlichen und privaten Aufgaben modifiziert worden ist, aus[1]. Bei der Beantwortung der Frage der Grundrechtsfähigkeit des Betriebsrats treten bei Zugrundelegung dieses Ansatzes aber deutliche Probleme auf.

I. Die Schwierigkeiten bei bloß teilrechtsfähigen Einheiten

Ausgangspunkt für den dualistischen Wesensbegriff ist der Begriff der juristischen Person im rechtstechnischen Sinne. Wenn also von einer grundsätzlichen Vermutung für die wesensmäßige Anwendbarkeit der Grundrechte auf die juristischen Personen des Privatrechts ausgegangen wird, ist die zivilrechtliche (Voll-)Rechtsfähigkeit der entscheidende Ansatz. Hintergrund ist dabei der Gedanke, daß mit dieser Rechtsfähigkeit ein Bündel charakteristischer Rechte verbunden ist, sei es nur die Fähigkeit, Eigentum zu erwerben, Verträge zu schließen oder Prozeßhandlungen vorzunehmen, die ihrer Natur nach regelmäßig schon in den materialen Anwendungsbereich einzelner Grundrechte fallen und damit zugleich auch die Gefahr von Kollisionen mit der staatlichen Gewalt mit sich bringen, die den Grundrechtsschutz erfordern.

---

[1] Siehe oben im 1. Kapitel unter C II 1 und 2.

Schwierigkeiten entstehen mit diesem Ansatz aber dann, wenn die potentielle Grundrechtsperson nicht (umfassend) mit dieser Rechtsfähigkeit ausgestattet ist, weil sie nur teilrechtsfähig ist. Solange sich diese Teilrechtsfähigkeit noch als ein Ausschnitt aus diesem Bündel charakteristischer Rechte erweist, wie beispielsweise bei den §§ 124 I, 161 II HGB hinsichtlich der offenen Handelsgesellschaft und der Kommanditgesellschaft, kann das Differenzierungskriterium noch funktionieren. Als unbrauchbar erweist es sich aber dann, wenn eine Teilrechtsfähigkeit vorliegt, die auch nicht in einem Ausschnitt dieser genannten Rechte liegt. Diese Problematik wird gerade am Beispiel des hier in den Blick genommenen Betriebsrats deutlich: er ist im Rahmen seiner Teilrechtsfähigkeit eben nicht mit jenen typisch zivilrechtlichen Kompetenzen ausgestattet, wie sie die §§ 124 I, 161 II HGB vorsehen, besitzt also kraft ausdrücklicher gesetzlicher Zuweisung jedenfalls nicht die Fähigkeit zu eigenem Eigentum, allgemein Rechtsgeschäfte im eigenen Namen mit Dritten abzuschließen, oder allgemein Prozesse im eigenen Namen zu führen[2]. Damit kann der Rückschluß von der zivilrechtlichen Rechtsfähigkeit auf die wesensmäßige Anwendbarkeit der Grundrechte nicht zur Wirkung gelangen, so daß gleichzeitig auch die Grundlage für eine Vermutung für oder gegen die wesensmäßige Anwendbarkeit der Grundrechte auf den Betriebsrat entfällt.

II. Die Zuordnungsprobleme bei Mischformen

Schwierigkeiten bei der Verfahrensweise im Sinne der h.M treten auch dann auf, wenn eine Zuordnung zu einer Rechtsform – öffentliches oder privates Recht bzw. öffentliche und private Aufgaben – nicht eindeutig möglich ist. Ein deutliches Beispiel hierfür gibt die in jüngster Zeit stark kontrovers diskutierte Frage der Grundrechtsfähigkeit gemischt-wirtschaftlicher Unternehmen, beispielweise von Aktiengesellschaften, deren Anteile sich sowohl in der Hand einer Gebietskörperschaft als auch von Privaten befinden[3]. Hier wird deutlich,

---

[2] So jedenfalls die h.M., vgl. *von Hoyningen-Huene*, Betriebsverfassungsrecht, § 4 II 1; *Kraft* in: GK-BetrVG, § 1 Rn. 72 ff.; *Dietz / Richardi* vor § 26 Rn. 8 ff.; *Fitting / Auffarth / Kaiser / Heither* § 1 Rn. 105 ff.; *Jahnke*, RdA 75, 343; aus der Vorschrift des § 40 BetrVG wird indes teilweise auch eine partielle *betriebsverfassungsrechtliche* Vermögensfähigkeit abgeleitet, siehe hierzu unten im 5. Kapitel unter B VIII 2.

[3] Vgl. hierzu BVerfG in NJW 1990, 1783 sowie die zu dieser Entscheidung erschienenen Aufsätze von *Schmidt-Aßmann* in BB 1990, Beil. 34 und *Koppensteiner* in NJW 1990, 3105 ff.; *Badura*, DÖV 1990, 353 ff.; *Zimmermann*, Der grundrechtliche Schutzanspruch juristischer Personen des öffentlichen Rechts, 1993, S. 224 ff.

daß auch Mischformen ohne die Möglichkeit einer klaren Abgrenzung zwischen öffentlichen und privaten Rechtsformen möglich sind, bei denen eine Vermutung für oder gegen eine Grundrechtsfähigkeit mit dem herkömmlichen Muster zwangsläufig ausscheiden muß, vielmehr ein neuer Ansatz zu suchen ist.

Eine ähnliche Situation kann auch beim Betriebsrat festgestellt werden. Das BetrVG verwendet nämlich Gestaltungsformen, die sowohl von den Vertretern einer öffentlichen Rechtsform als auch einer privaten Rechtsform für sich in Anspruch genommen werden können. Dieses zeigt zum Beispiel der Blick auf die Stellung des einzelnen Arbeitnehmers als „Mitglied" der Betriebsverfassung einerseits, die Stellung des Betriebsrats im Verhältnis zu staatlichen Institutionen andererseits. Für den einzelnen Arbeitnehmer, der durch Abschluß des Arbeitsvertrags Mitglied in der Belegschaft und damit bei Bestehen eines Betriebsrats auch Mitglied im grundrechtlich relevanten Personenverband Belegschaft wird[4], fehlt es an einem freiwilligen Beitritt zu diesem Verband. Die Betriebsverfassung erweist sich in dieser Hinsicht für ihn als eine mit dem Arbeitsverhältnis verbundene Zwangsordnung, der er ebensowenig entgehen kann, wie ein Student der Pflichtmitgliedschaft in der öffentlich-rechtlich verstandenen Studentenschaft[5]. Im Gegensatz hierzu vollzieht sich die Tätigkeit des Betriebsrats eindeutig im privatrechtlichen Normenrahmen[6] und ist an der Gestaltung privatrechtlicher Rechtsverhältnisse zwischen dem Arbeitgeber und den Arbeitnehmern des Betriebs orientiert.

Probleme hinsichtlich der Zuordnung tauchen des weiteren auch beim Verständnis der Betriebsvereinbarung wieder auf[7].

Vor diesem Hintergrund gehen die Meinungen in der Literatur über die Zuordnung des Betriebverfassungsrechts auseinander: dieses wird sowohl zum Privatrecht[8], als auch zum öffentlichen Recht[9], aber auch dazwischenliegend zum

---

[4] Siehe oben im 2. Kapitel unter B I.

[5] *Konzen*, ZfA 1985, 469, 485.

[6] *Konzen*, ZfA 1985, 469, 487.

[7] Auf die öffentlichen Elemente weisen hier noch *Hess / Schlochauer / Glaubitz* (3. Aufl.) § 77 Rn. 6 hin, die h.M. geht allerdings von dem Verständnis der Betriebsvereinbarung als privatrechtlichem Vertrag aus, vgl. *Kreutz* in: GK-BetrVG, § 77 Rn. 31; *ders.*, Grenzen der Betriebsautonomie, 1979, S. 15 f.; *Dietz / Richardi* § 77 Rn. 26; *Fitting / Auffarth / Kaiser / Heither* § 77 Rn. 16; *Galperin / Löwisch* § 77 Rn. 6.

[8] So die h.M., vgl. m.w.N. BAG AP Nr. 17 zu § 19 BetrVG 1972, Bl. 2; *Wiese* in: GK-BetrVG, Einl. 55 ff.; *Dietz / Richrdi* § Rn. 31 ff.; *Fitting / Auffarth / Kaiser / Heither* § 1 Rn. 136 f.; *Galperin / Löwisch* vor § 1 Rn. 8; *Zöllner / Loritz*, § 44 III 1; allerdings behalten sich auch deren

„Sonderprivatrecht“[10] gezählt. Selbst wenn man aber mit der h.M. im Betriebsverfassungsrecht das BetrVG als Privatrecht versteht, stellt sich unter dem Gesichtspunkt der Beantwortung der Frage der Grundrechtsfähigkeit die paradoxe Situation, daß dem Betriebsrat dann mit der h.M. im Verfassungsrecht die Vermutung für die Grundrechtsfähigkeit zukäme, der Personalrat aber, als zweifellos dem öffentlichen Recht zuzuordnen[11], die verschiedenen strengen Voraussetzungen für die Grundrechtsfähigkeit öffentlich-rechtlicher Einheiten mangels entsprechender Vermutung erfüllen müßte[12]. Im Hinblick auf die prinzipiell gleiche Aufgabenstellung beider Institutionen, insbesondere also die sich aus der Folge einer arbeitsteiligen Organisation im gleichen Umfang ergebenden Interessengegensätze zwischen der Dienststelle und den Beschäftigten[13], mutet dieses aber rechtssystematisch als eine nicht nachvollziehbare Ungleichbehandlung an. Aus der Sicht des Art.19 III GG muß die Beurteilung von Betriebsrat und Personalrat vielmehr vom gleichen Ansatz her erfolgen.

Auch in den Fällen, wo die Zuordnung einer Institution zum Privatrecht oder zum öffentlichen Recht nicht oder zumindest in Teilbereichen nicht möglich ist, ist also der dualistische Ansatz wenig brauchbar.

III. Die Zuordnungsprobleme wegen der Wahlfreiheit des Gesetzgebers

Das Abstellen auf die Rechtsform erweist sich auch vor dem Hintergrund der Wahlfreiheit des Gesetzgebers als äußerst fragwürdig. Dem Gesetzgeber steht es grundsätzlich frei, auf welche Weise eine bestimmte öffentliche Aufgabe erfüllt werden soll[14]. Diese Wahlfreiheit zwischen einer Fülle organisatorischer Möglichkeiten bezieht sich insbesondere auch auf die Rechtsform, wobei insoweit nicht nur die Zweckmäßigkeit allein, sondern auch historische Gründe eine

---

Vertreter vor, Anleihen bei Strukturprinzipien öffentlich-rechtlicher Herkunft zu nehmen, vgl. *von Hoyningen-Huene*, MünchArbR, Bd. 3, § 289 Rn. 81; *Wiese* in: GK-BetrVG, Einl. 66.

[9] *Hess / Schlochauer / Glaubitz* (3. Aufl.) vor § 1 Rn. 22; so auch BVerwGE 5, 293, 299.

[10] *Konzen*, ZfA 1985, 469, 487.

[11] Vgl. *Dietz / Richardi*, BPersVG, § 1 Rn. 61 ff.

[12] Dieses wird auch bei *Bethge*, Die Grundrechtsberechtigung juristischer Personen nach Art. 19 Abs. 3 Grundgesetz, 1985, S. 99 / 100 deutlich, der die Grundrechtsfähigkeit des Personalrats im Zusammenhang mit den juristischen Personen des öffentlichen Rechts prüft, hier auf den Betriebsrat aber nicht eingeht.

[13] *Dietz / Richardi*, BPersVG, vor § 1 Rn. 1 ff., 7.

[14] BVerfGE 10, 89, 102, 104; 21, 362, 370.

Rolle spielen können[15]. Aufgrund dieser Wahlfreiheit kann es genauso zu Funktionsbündelungen von privaten und öffentlichen Aufgaben kommen. Der Rückgriff auf die Rechtsform muß deshalb dort versagen, wo der Gesetzgeber von dieser Wahlfreiheit Gebrauch macht. Mit diesem Problem hat sich auch das BVerfG befaßt, jedoch nur eine unzureichende Konsequenz gezogen: statt die Vermutung für die abstrakte Grundrechtsfähigkeit der juristischen Personen des Privatrechts aufzugeben, berücksichtigte das Gericht dieses Problem erst auf der Ebene der Prüfung des jeweiligen Grundrechts im Einzelfall[16], Viel näher liegt es aber, wegen der Wahlfreiheit des Gesetzgebers unabhängig von der Rechtsform auf eine Vermutung für oder gegen eine abstrakte Grundrechtsfähigkeit zu verzichten und gleiche Anforderungen für sämtliche potentielle Grundrechtspersonen zu stellen. Erst im Kammerbeschluß vom 16.5.1989[17] ist das BVerfG von der prinzipiellen Vermutung der Grundrechtsfähigkeit abgerückt und verlangt nunmehr auch für diese eine Funktionsprüfung im Hinblick auf die abstrakte Grundrechtsfähigkeit. Auch diese neuere Entscheidung verdeutlicht also, daß die rechtsformspezifische Abgrenzung in *keiner* Richtung als Grundlage für Vermutungen im Rahmen der Beantwortung der abstrakten Grundrechtsfähigkeit herangezogen werden kann.

IV. Die Problematik des entscheidend auf die Aufgabenwahrnehmung abstellenden Dualismus

Gerade die neuere Rechtsprechung des BVerfG[18] sowie die Meinungen in der jüngeren Literatur[19] rekurrieren – wenn auch in erster Linie nur hinsichtlich der juristischen Personen des öffentlichen Rechts – vermehrt auf das Merkmal der Aufgabenwahrnehmung, um die Frage der abstrakten Grundrechtsfähigkeit zu beantworten. Hiernach kann die rechtsformspezifische Vermutung

---

[15] BVerfGE 68, 193, 213.

[16] BVerfGE 68, 193, 212 für die Landesinnungsverbände nach § 80 HandwO; BVerfG in NJW 1987, 2501, 2502 für die Technischen Überwachungsvereine. Ebenso *Stern*, Staatsrecht III / 1, S. 1123, der den Landesinnungsverbänden nach § 80 HandwO sogar ausdrücklich die abstrakte Grundrechtsfähigkeit zuspricht.

[17] BVerfG in NJW 1990, 1783.

[18] Vgl. BVerfGE 68, 193, 212; 70, 1, 15; 75, 192, 196.

[19] *Stern*, Staatsrecht III / 1, S. 1114, 1115; *Badura*, DÖV 1990, 353, 361; zuletzt wieder *Depenheuer*, ZTR 1993, 364, 365 ff.

gegen die Grundrechtsfähigkeit juristischer Personen des öffentlichen Rechts durch den positiven Befund privater Aufgabenwahrnehmung widerlegt werden.

Ein derartiger funktionsspezifischer Dualismus erweist sich bei genauerer Betrachtung aber nur als eine Verlagerung der Probleme des herkömmlichen, allein auf die Rechtsform abstellenden, Dualismus. Zunächst birgt die Gegenüberstellung zwischen öffentlichen und privaten Aufgaben das Manko fehlender Abgrenzbarkeit in sich, das auf der fehlenden Bestimmbarkeit des Begriffs der Öffentlichkeit beruht[20]. Öffentliche und private Aufgaben unterscheiden sich nämlich nicht inhaltlich, sondern allein dadurch, daß öffentliche Interessen bzw. Aufgaben im parlamentarisch-demokratischen System erst durch Mehrheitsentscheidungen zu solchen geworden sind[21]. Neben den originär staatlichen Aufgaben können also ständig neue Aufgaben vom Staat an sich gezogen werden, ein typisches Beispiel hierfür ist der Bereich der sogenannten Daseinsvorsorge. Bezeichnend für die Unbestimmbarkeit des Begriffs der öffentlichen Aufgaben ist in diesem Zusammenhang, daß das BVerfG selbst eine eindeutige Umschreibung der genannten Abgrenzungsmerkmale bislang noch nicht vorgenommen hat[22].

Die Unterscheidung zwischen privater und öffentlicher Aufgabenwahrnehmung erweist sich aber auch unter dem Gesichtspunkt fehlender Ausschließlichkeit als schwächebehaftet. Die Wahrnehmung öffentlicher Interessen steht nämlich nicht immer einer Grundrechtsfähigkeit der potentiellen Grundrechtsperson entgegen. Dieses mußte auch das BVerfG in seiner Entscheidung zur Grundrechtsfähigkeit der Innungen und Innungsverbände der nichtärztlichen Heilberufe feststellen, wo es konzedierte, daß auch dann eine Grundrechtsfähigkeit in Betracht kommt, wenn zwar die Tätigkeit der potentiellen Grundrechtsperson der Sache nach auf die Erfüllung einer öffentlichen Aufgabe gerichtet ist, dieses aber „rechtlich keinen Ausdruck“ findet[23]. Das gleiche Problem stellte sich im Grunde genommen schon bei der Frage der Grundrechtsfähigkeit der Rundfunkanstalten: auch hier werden die wahrgenommenen

---

[20] Zur Problematik des Begriffs der Öffentlichkeit vgl. *Martens*, Öffentlich als Rechtsbegriff, 1969; *Häberle*, Öffentliches Interesse als juristisches Problem, 1970.

[21] *von Mutius*, Jura 1983, 30, 35 unter Hinweis auf die in Fn. 20 Genannten.

[22] Vgl. hierzu *Seidl* in: Festschrift für W. Zeidler, 1987, Bd. 2, S. 1459, 1469 ff.

[23] BVerfGE 70, 1, 18 f.

Aufgaben als öffentliche bezeichnet, die aber dem außerstaatlichen Bereich der Gesellschaft vorbehalten sein sollen[24].

Nur als eine Flucht vor der Erkenntnis mangelnder Tauglichkeit der Terminologie erweist es sich deshalb, unter Aufrechterhaltung des gegensätzlichen Begriffspaars der privaten und öffentlichen Aufgaben, noch einen dritten, keiner dieser beiden Funktionen zugehörigen und somit „neutralen" Bereich der Aufgabenwahrnehmung zu konstruieren[25]. Die mangelnde Bestimmbarkeit und Abgrenzbarkeit der Begriffe wird damit nämlich nicht beseitigt.

Auch der auf die Aufgabenwahrnehmung abstellende Dualismus erweist sich damit nicht als zur Beantwortung der abstrakten Grundrechtsfähigkeit geeignet.

V. Zwischenergebnis

Als Zwischenergebnis kann festgehalten werden, daß sich der dualistische Ansatz weder in rechtsformspezifischer noch in funktionsspezifischer Hinsicht zur Beantwortung der Frage der abstrakten Grundrechtsfähigkeit des Betriebsrats als brauchbar erweist. Für die weitere Prüfung ergeben sich daraus folgende Konsequenzen:

Zunächst entfällt damit die Möglichkeit von einer prinzipiellen Anwendbarkeit oder Nichtanwendbarkeit der Grundrechte auf den Betriebsrat auszugehen. Es ist also erforderlich, von einem *einheitlichen* Ansatz ausgehend die abstrakte Grundrechtsfähigkeit des Betriebsrats zu prüfen, um auf diesem Wege die von Art. 19 III GG gebotene Differenzierung auf der Grundrechtsträgerseite[26] herzustellen.

---

[24] So *Bethge*, Die Grundrechtsberechtigung juristischer Personen nach Art. 19 Abs. 3 Grundgesetz, 1985, S. 84 / 85.

[25] So freilich *Seidl* (Fn. 22), S. 1467.

[26] Siehe hierzu oben im 1. Kapitel unter C I.

B. Der einheitliche Ansatz zur Beantwortung der abstrakten Grundrechtsfähigkeit

I. Keine Grundrechtsfähigkeit im Rahmen staatlicher Tätigkeit

Unbestritten ist, daß es keinen Grundrechtsschutz für Staatsorgane oder sonstige Träger staatlicher Gewalt geben kann, da die Staatsorganisation notwendiger Adressat der Grundrechte, nicht aber ihr möglicher Träger, ist[27]. Mit dieser Aussage kann zunächst ein *negatives* Merkmal zur einheitlichen Beantwortung der Wesensfrage gewonnen werden. Für die Bestimmung der hier geltenden Kriterien ist aber nicht auf die Wahrnehmung öffentlicher Aufgaben oder Interessen abzustellen, entscheidend für die Ausklammerung staatlicher Tätigkeit ist vielmehr, daß keine staatliche Gewalt durch die potentielle Grundrechtsperson ausgeübt wird[28]. Im Mittelpunkt muß dabei maßgeblich eine *formell-instrumentale* Sichtweise stehen. Als Staatsfunktion sind somit aus dem Grundrechtsschutz all jene Tätigkeiten auszuklammern, die rechtstechnisch mit den typisch staatlichen Instrumenten umgesetzt bzw. durchgesetzt werden. Konkret heißt das, daß immer dann, wenn für die jeweilige Aufgabenwahrnehmung der potentiellen Grundrechtsperson die Instrumente staatlicher Gewalt vorhanden sind, oder die potentielle Grundrechtsperson im Rahmen dieser Aufgabenwahrnehmung staatlicher Kontrolle oder Weisungsabhängigkeit unterliegt und damit die Tätigkeit ohne verbleibende eigene Selbständigkeit durch den Staat geregelt wird, ein Grundrechtsschutz ausscheiden muß[29]. Im Gegensatz dazu liegt dann keine Staatstätigkeit vor, wenn nicht staatlich geregelte und kontrollierbare Entscheidungszuständigkeiten im Rahmen der Aufgabenwahrnehmung verbleiben[30].

---

[27] Vgl. BVerfGE 15, 256, 262; 21, 362, 369; 61, 82, 102 ff.; 62, 354, 369; *Isensee* in: Isensee / Kirchhof, HdbStR V, § 118 Rn. 24; *Dürig* in: Maunz / Dürig Art. 19 Abs. III Rn. 36; *Bethge*, Die Grundrechtsberechtigung juristischer Personen nach Art. 19 Abs. 3 Grundgesetz, 1985, S. 61 ff.; *Zimmermann*, Der grundrechtliche Schutzanspruch juristischer Personen des öffentlichen Rechts, 1993, S. 109 ff.

[28] *Zimmermann* (Fn. 27), S. 117 ff.

[29] Dieser Ansatz klingt auch schon in der Entscheidung des BVerfG zur Grundrechtsfähigkeit der Technischen Überwachungsvereine, NJW 1987, 2501, 2502 an, wird dort aber im Rahmen der funktionsspezifischen Abrenzung erörtert.

[30] In diesem Sinne kann auch *Bethge* (Fn. 27), S. 86, zugestimmt werden, wenn er verlangt, neben den Begriff der öffentlichen Aufgabenwahrnehmung jenen der Staatsabhängigkeit zu setzen; vgl. hierzu auch *Zimmermann* (Fn. 27), S. 147.

II. Die allgemeinen Grundrechtsfunktionen als Grundlage einer positiven Bestimmung der abstrakten Grundrechtsfähigkeit

1. Das Erfordernis einer positiven Bestimmung des Wesensbegriffs

Läßt sich der Aufgaben- und Tätigkeitsbereich der potentiellen Grundrechtsperson anhand der oben gewonnenen Kriterien vom Staat abgrenzen, stellt sich nun die Frage, ob damit schon die Weichenstellung für eine Grundrechtsfähigkeit getroffen worden ist, die grundsätzliche Schutzfähigkeit also zu bejahen ist und auf die Ebene des Einzelgrundrechts übergegangen werden kann. Eine derartige Interpretation setzt allerdings voraus, daß die Freiheit von natürlicher und juristischer Person gleich ist und damit automatisch jede nichtstaatliche Betätigung einer juristischen Person als Ausdruck ihrer naturgegebenen Freiheit auch die Grundrechtsfähigkeit nach sich zieht[31].

Diese pauschale Gleichstellung begegnet aber im Hinblick auf die Wesensunterschiede von natürlicher und juristischer Person erheblichen Bedenken. Die juristische Person ist eine Zweckschöpfung des Rechts. Anders als der Mensch ist die grundrechtliche Organisation nicht Selbstzweck, sondern Mittel zum Zweck, Werkzeug des Menschen[32]. Ihre Existenz setzt voraus, daß die Rechtsordnung den entsprechenden Organisationstypus zur Verfügung stellt. Während der Mensch als zweckfreies Wesen sich seine Ziele selber steckt, sind sie der juristischen Person vorgegeben[33]. Darüber hinaus deutet schon die Existenz des Art. 19 III GG darauf hin, daß das Grundgesetz von der Gleichheit von natürlicher und juristischer Person eben nicht auszugehen scheint, vielmehr weitergehende Anforderungen an die potentielle Grundrechtsperson zu stellen sind. Davon gehen auch das BVerfG und der überwiegende Teil der Literatur aus. So hat das BVerfG in den neueren Entscheidungen auch dann, wenn es das Vorliegen staatlicher Tätigkeit – freilich auf der Grundlage des von ihm als maßgeblich erachteten Kriteriums der Aufgabenwahrnehmung – verneint hat, für die Grundrechtsfähigkeit einer juristischen Person des öffentlichen Rechts noch *zusätzlich* einen Bezug zum Freiheitsraum verlangt[34] und damit zum

---

[31] So in der Tat *Zimmermann* (Fn. 27), S. 130.

[32] *Isensee* in: Isensee / Kirchhof, HdbStR V, § 118 Rn. 10.

[33] *Rittner*, Die werdende juristische Person, 1973, S. 226; *Isensee* in: Isensee / Kirchhof, HdbStR V, § 118 Rn. 12.

[34] BVerfGE 61, 82, 103 ff.; 75, 192, 200.

Ausdruck gebracht, daß eine bloß negative Abgrenzung zu Staatsfunktionen allein nicht ausreicht.

In der verfassungsrechtlichen Literatur wird der positive Ansatz in erster Linie in der Privatautonomie gesehen. Stern[35] verlangt insoweit eine Analyse von Gründung und Zweck der juristischen Person, die individual- und gesellschaftsbezogen sein müssen. Isensee[36] stellt auf das Vorliegen einer privatautonomen Fundierung der potentiellen Grundrechtsperson ab. Dürig[37] rückt die zentrale Frage in den Mittelpunkt, ob die potentielle Grundrechtsperson aus „eigenem" Recht besteht oder entsteht und damit insbesondere auch ein Recht, sich selbst aufzulösen, hat.

Entscheidend muß also sein, einen positiven Ansatz zur Beantwortung der abstrakten Grundrechtsfähigkeit zu ermitteln.

2. Die juristische Person als Medium der Verwirklichung allgemeiner Grundrechtsfunktion

Bedarf es also einer positiven Begründung der Grundrechtsfähigkeit der juristischen Personen, so könnte statt dem Abstellen auf das Vorliegen privater Rechtsform oder der Wahrnehmung privater Aufgaben die Bedeutung der juristischen Person für die Verwirklichung der allgemeinen Grundrechtsfunktionen der natürlichen Personen in den Mittelpunkt der Beantwortung der abstrakten Grundrechtsfähigkeit gerückt werden. Auf die Bedeutung der allgemeinen Grundrechtsfunktionen für die Grundrechtsfähigkeit der juristischen Personen hat schon von Mutius[38] hingewiesen. Allerdings werden hier die allgemeinen Funktionen der Grundrechte dazu herangezogen, das Vorliegen einer „grundrechtstypischen Gefährdungslage" der juristischen Person im Verhältnis zum Staat zu begründen, ohne daß die Bedeutung der Grundrechtsfähigkeit der potentiellen Grundrechtsperson für die hinter ihr stehenden natürlichen Personen eine Rolle spielen soll[39]. Mit diesem ausschließlich auf das Verhältnis zwischen grundrechtsberechtigter juristischen Person und dem grundrechtsver-

---

[35] *Stern*, Staatsrecht III / 1, S. 1161 f.

[36] *Isensee* in: Isensee / Kirchhoff, HdbStR V, § 118 Rn. 27, 29.

[37] *Dürig* in: Maunz / Dürig, Art. 19 Abs. III, Rn. 37.

[38] *von Mutius* in: BK, Art. 19 Abs. 3 Rn. 36 f. und 114.

[39] *von Mutius* in: BK, Art. 19 Abs. 3 Rn. 37; *ders.*, Jura 1983, 30, 35 unter Hinweis auf die vom Verfassungsgeber der juristischen Person eingeräumte eigene Grundrechtsfähigkeit.

pflichteten Staat gerichteten Verständnis des Wesensbegriffs lassen sich indes allein Aussagen im Rahmen der konkreten Anwendung der Grundrechte gewinnen[40]. Im Rahmen des abstrakten Wesensbegriffs erscheint es vielmehr erforderlich, auf die Bedeutung der juristischen Person für die Grundrechtsverwirklichung der natürlichen Personen abzustellen[41]. Die verselbständigte Sicht der juristischen Person schließt eben nicht die Rückbesinnung auf die hinter ihr stehenden Menschen aus, da sie eben auch der Entfaltung individueller Grundrechtssubstanz dient[42]. Davon geht unzweifelhaft auch das BVerfG aus, indem es in ständiger Rechtsprechung ausgesprochen hat, daß die Grundrechtsfähigkeit juristischer Personen davon abhängt, ob sie den Bürgern zur Verwirklichung der Grundrechte dienen.[43] Dabei soll an dieser Stelle aufgezeigt werden, daß der Grund für die Anerkennung einer Grundrechtsfähigkeit für die juristischen Personen in deren Bedeutung für die Verwirklichung der Grundrechte der natürlichen Personen im Sinne der *allgemeinen Grundrechtsfunktionen* gesehen werden kann. Erst bei der Frage der konkreten Grundrechtsfähigkeit kommt es dann auf die Betroffenheit der juristischen Person *selbst* an, da sie allein Trägerin der Grundrechte ist[44].

a) Die juristische Person als Medium der abwehrrechtlichen Grundrechtsfunktion

Unbestritten entfalten die Grundrechte eine abwehrrechtliche Funktion[45]. Dieser „status negativus“ wird ausgeformt und gesichert durch die Grundrechte, wenn und soweit sie als Abwehrrechte bestimmte Freiheiten, Freiräume, Freiheitsrechte oder der freien Verfügung überlassene Rechtsgüter gegen staatliche Eingriffe, Einschränkungen, Beschränkungen oder Verletzungen schützen[46]. Diese abwehrrechtliche Ausprägung der Grundrechte stand bislang auch im Vordergrund des Grundrechtsverständnisses im Zusammenhang mit Art. 19 III

[40] Darauf weist auch *Krebs* in: von Münch / Kunig, Art. 19 Rn. 39 hin.

[41] Von diesem Ansatz gehen auch *Rupp-von Brünneck* in: Festschrift für A. Arndt, 1969, S. 349, 359 sowie *Krebs* in: von Münch / Kunig, Art. 19 Rn. 37 f. aus.

[42] *Bethge*, Die Grundrechtsberechtigung juristischer Personen nach Art. 19 Abs. 3 Grundgesetz, 1985, S. 26; *Dürig* in: Maunz / Dürig, Art. 19 Abs. III Rn. 1.

[43] BVerfGE 45, 63, 79; 61, 82, 103; 68, 193, 207; 75, 192, 197.

[44] Siehe hierzu unten im 5. Kapitel.

[45] Vgl. nur BVerfGE 7, 198, 204 f.

[46] *Pieroth / Schlink*, Grundrechte – Staatsrecht II, Rn. 72; *Stern*, Staatsrecht III / 1, S. 620 f.

GG. Das BVerfG selbst hat bei der von ihm für die Grundrechtsverwirklichung der natürlichen Personen als erforderlich erachteten „dienenden" Funktion der juristischen Person dieses abwehrrechtliche Verständnis der Grundrechte in den Mittelpunkt gerückt, in dem es immer wieder darauf hingewiesen hat, daß eine Einbeziehung der juristischen Personen in den Schutzbereich der Grundrechte nur dann anzuerkennen ist, wenn ihre Bildung und Betätigung Ausdruck der freien Entfaltung der natürlichen Personen sind und sich deshalb die Tätigkeit der juristischen Person in Wahrnehmung ursprünglicher, unabgeleiteter Freiheiten vollzieht[47]. Grund und Legitimation für die Grundrechtsfähigkeit ist hier letztlich also, daß sich die juristische Grundrechtsperson als Ausdruck der abwehrrechtlich-freiheitlichen Grundrechtsbetätigung der natürlichen Personen im Sinne der klassischen Grundrechtsfunktion als „status negativus" erweist und auf diesem Wege zum Medium einer Grundrechtsbetätigung und -verwirklichung wird.

Von diesem Verständnis geht letztlich auch die herrschende Meinung in der Literatur aus, indem sie die Privatautonomie als entscheidende Grundlage der Grundrechtsfähigkeit der juristischen Person ansieht und in diesem Zusammenhang auf die Grundrechtsverbürgungen der Art. 2 I und 9 I GG Bezug nimmt[48].

In diesen abwehrrechtlichen Legitimationsrahmen paßt die überwiegende Mehrzahl der juristischen Personen des Privatrechts, seien sie an der Verwirklichung ideeller oder wirtschaftlicher Zwecke orientiert, aber auch juristische Personen des öffentlichen Rechts, wie die Kirchen, sind Ausdruck dieser Grundrechtsfunktion, weil bei ihnen die privatautonome Gründung und Betätigung im Vordergrund steht und deren Sicherung Hauptanliegen der Grundrechtsfähigkeit ist.

b) Die juristische Person als Medium der objektiv-rechtlichen Grundrechtsfunktion

Seit G. Jellinek ist anerkannt, daß die Grundrechte neben ihrem auf Abwehr staatlicher Eingriffe ausgerichteten status negativus auch die Funktionen eines status positivus, in dem der einzelne seine Freiheit nicht ohne den Staat haben

---

[47] Std. Rspr. seit BVerfGE 21, 362, 369 ff.; vgl. BVerfGE 45, 63, 78; 61, 82, 101; 69, 193, 206; 75, 192, 196.

[48] Siehe oben in diesem Abschnitt bei II 1.

kann, und eines status activus, in dem der einzelne seine Freiheit im und für den Staat betätigt, besitzen[49]. Geprägt durch die Rechtsprechung des BVerfG ist aber in neuerer Zeit der abwehrrechtlichen Funktion der Grundrechte in erster Linie deren objektiv-rechtliche gegenübergestellt worden[50]. Ungeachtet des Streits in den Einzelheiten kann diese objektiv-rechtliche Funktion der Grundrechte verstanden werden, als die Vermittlung von Ausstrahlungswirkungen der Grundrechte für das einfache Recht, von Schutzgehalten für grundrechtlich gesicherte Rechtsgüter sowie von grundrechtsgebotener Organisations- und Verfahrensgestaltung[51]. Diese Funktionen der Grundrechte gilt es nun im Zusammenhang mit Art. 19 III GG in den Blick zu nehmen. Bemerkenswert ist dabei, daß auch das BVerfG schon in der Auseinandersetzung mit Art. 19 III GG auf die objektivrechtliche Bedeutung der Grundrechte hingewiesen hat[52], ohne freilich die Anerkennung der Grundrechtsfähigkeit ausdrücklich hierauf zu stützen. In diese Richtung geht auch die Aussage des Gerichts, daß die Grundrechte auch der Sicherung von Voraussetzungen und Möglichkeiten für eine freie Mitwirkung und Mitgestaltung im Gemeinwesen dienen[53]. Für die Frage der Grundrechtsfähigkeit kommt dabei der organisations- und verfahrensrechtlichen Bedeutung der Grundrechte eine besondere Relevanz zu, weil es bei Art. 19 III GG letztlich um Organisation und Institutionalisierung von Grundrechtsausübung geht. Die praktische Bedeutung der Herleitung einer Grundrechtsfähigkeit unter dem Gesichtspunkt grundrechtsgebotener Organisations- und Verfahrensregelung kann am Beispiel der Hochschulen und Rundfunkanstalten verdeutlicht werden: wenn dem einzelnen Träger des Grundrechts aus Art. 5 III GG wegen der organisations- und verfahrensrechtlichen Ausprägungen ein Recht auf solche staatlichen Maßnahmen zusteht, die zum Schutz oder zur Verwirklichung seiner Grundrechte erforderlich sind, er damit also auch die Einrichtung bestimmter Institutionen verlangen kann[54], dann muß dieses auch

---

[49] *Jellinek*, System der subjektiven öffentlichen Rechte, 2. Aufl. 1905, S. 87, 94 ff.; siehe auch *von Mutius* in: BK, Art. 19 Abs. 3 Rn. 36.

[50] Grundlegend BVerfGE 7, 198, 204 f.; zur Entwicklung der Rechtsprechung vgl. die Darstellung bei *Stern*, Staatsrecht III / 1, S. 899 ff.

[51] *Pieroth / Schlink*, Grundrechte – Staatsrecht II, Rn. 93; *Stern*, Staatsrecht III / 1, S. 922, der zudem die subjektiv-rechtlichen Bedeutungen dieser Gehalte mit einbezieht; ähnlich *Jarass / Pieroth*, Vorb. vor Art. 1 Rn. 6.

[52] Vgl. BVerfGE 21, 362, 372.

[53] BVerfGE 21, 362, 369; 61, 82, 101; 65, 1, 43; 68, 193, 205.

[54] So BVerfGE 35, 79, 114 ff. für die Hochschulen; BVerfGE 12, 205, 262; 31, 314, 325 für die Rundfunkanstalten.

bei der Zuerkennung kollektiver Grundrechtsfähigkeit und damit bei der Frage der abstrakten Grundrechtsfähigkeit von Bedeutung sein. Dieses gilt jedenfalls solange, wie die Tätigkeit der potentiellen Grundrechtsperson von dieser Grundrechtsfunktion gefordert wird.

Aus der Rechtsprechung des BVerfG lassen sich also deutliche Anzeichen für ein derartiges objektiv-rechtliches Verständnis des Wesensbegriffs gewinnen.

Hiernach muß eine Grundrechtsfähigkeit also auch dann in Betracht kommen, wenn sich die juristische Person als Medium der Umsetzung der objektivrechtlichen Funktion der Grundrechte, insbesondere in ihrer Ausprägung als Organisations- und Verfahrensregelungen erweist, in dem sie schon der *Ermöglichung* und damit der Schaffung des Freiheitsgebrauchs überhaupt dient.

C. Die wesensmäßige Anwendung der Grundrechte auf den Betriebsrat auf Grundlage des einheitlichen Lösungsansatzes

I. Die Staatsfreiheit betriebsratlicher Tätigkeit

Auf der Grundlage eines formell-instrumentalen Verständnisses staatlicher Tätigkeit bereitet die Einordnung des Betriebsrats keine Schwierigkeiten. Zunächst erfolgt die Errichtung des Betriebsrats ohne staatliche Mitwirkung, Kontrolle oder Zwang. Gegen den freien Willen der Arbeitnehmer des jeweiligen Betriebs ist die Errichtung eines Betriebsrats nicht möglich[55]. Aber auch die Wahrnehmung der dem Betriebsrat zugewiesenen Aufgaben vollzieht sich außerhalb jeglicher staatlichen Einflußnahme. Es bestehen keinerlei staatliche Aufsichts- oder Weisungsmöglichkeiten[56], der Betriebsrat handelt vielmehr im Rahmen der durch das BetrVG gezogenen Grenzen im eigenen Ermessen und ist insoweit allein gerichtlicher Kontrolle unterworfen. Soweit der Betriebsrat mit Behörden in Kontakt gerät[57], entwickeln sich hieraus keine Rechtsfolgen für die Aufgabenwahrnehmung des Betriebsrats. Insbesondere nimmt der Betriebsrat im Rahmen der ihm obliegenden Unterstützungspflichten gegenüber Behörden keine hoheitlichen Aufgaben innerhalb des Betriebs wahr. Schließlich stehen dem Betriebsrat selbst auch keine hoheitlichen Instrumente zur Durch-

---

[55] Siehe schon oben im 2. Kapitel unter B I 3.

[56] *Wiese* in: GK-BetrVG, Einl. 64; *Konzen*, ZfA 1985, 469, 487.

[57] Siehe dazu im 3. Kapitel unter B III 2.

setzung seiner Aufgaben zu. Gegenüber dem Arbeitgeber bestehen keinerlei Weisungsrechte, sondern nur Rechtspositionen als gleichgeordnetes Rechtssubjekt. Ebensowenig besitzt der Betriebsrat hoheitliche Rechte, insbesondere Weisungsrechte gegenüber den Arbeitnehmern.

Damit nimmt der Betriebsrat in Sinne von Art. 19 III GG keine staatliche Tätigkeit wahr und scheidet unter diesem Gesichtspunkt nicht aus dem Anwendungsbereich von Art. 19 III GG aus.

II. Die Bedeutung der abwehrrechtlichen Grundrechtsfunktion für die Aufgabenwahrnehmung des Betriebsrats

Prüft man die Aufgabenwahrnehmung des Betriebsrats auf ihre abwehrrechtliche Bedeutung, lassen sich gerade die für die juristischen Personen des Privatrechts typischen Kollisionslagen zur Staatsgewalt kaum feststellen. Die Aufgabenwahrnehmung ist gesetzlich vorgegeben und in erster Linie auf das Rechtsverhältnis zum Arbeitgeber beschränkt. Der Zweck des Betriebsrats liegt gerade nicht darin, vom Grundgesetz eingeräumte individuelle Freiheiten auf der Grundlage privatautonomer Bestimmung in kollektiver Form wahrzunehmen. Der Betriebsrat ist nicht dafür geschaffen, sich wie die privat-wirtschaftlich tätigen juristischen Personen des Privatrechts frei im Rechtsverkehr zu bewegen, mit der Folge, daß sich zumindest im Zusammenhang mit seiner originären Aufgabenwahrnehmung die klassischen Kollisionslagen zur Exekutive oder zur Legislative jedenfalls nicht ergeben[58].

Kollisionslagen entstehen allerdings im Zusammenhang mit der Tätigkeit der rechtsprechenden Gewalt der Arbeitsgerichte, wo – dessen Grundrechtsfähigkeit unterstellt – Grundrechtsverletzungen auf Seiten des Betriebsrats entstehen könnten. Gerade diese Verletzungen resultierten dann aber aus der verfassungswidrigen Anwendung des Betriebsverfassungsrechts, beträfen also den Bereich der Ausstrahlungswirkung der Grundrechte als einem Teilbereich der objektivrechtlichen Funktion der Grundrechte[59].

Von seiner unmittelbaren Aufgabenwahrnehmung und seiner Zielsetzung für die hinter ihm stehenden natürlichen Personen steht der Betriebsrat also nicht

---

[58] Dieses schließt natürlich nicht aus, daß Eingriffe insbes. seitens der Exekutive nicht doch entstehen können; dann resultieren sie aber nicht aus der typischen, *wesensmäßigen* Aufgabenwahrnehmung des Betriebsrats.

[59] Vgl. hierzu *Stern*, Staatsrecht III / 1, S. 923 ff.

dem Staat gegenüber, sondern in erster Linie dem Arbeitgeber, so daß die abwehrrechtliche Bedeutung der Grundrechte für die Herleitung seiner abstrakten Grundrechtsfähigkeit nicht von Bedeutung ist.

III. Die Bedeutung der objektiv-rechtlichen Funktion der Grundrechte für die Aufgabenwahrnehmung des Betriebsrats

1. Grundrechtssicherung durch Organisation und Verfahren im Verhältnis der Grundrechtsträger zueinander

Läßt sich für einen Teil der bisher als grundrechtsfähig anerkannten juristischen Personen nachweisen, daß deren Grundrechtsfähigkeit unter dem Gesichtspunkt der Grundrechtssicherung durch Organisation und Verfahren erforderlich ist[60], so wird dieses Verständnis noch vom Gegensatz zwischen Staat und Individuum geprägt: es geht um die Pflicht des Staates, die organisatorischen Bedingungen zu schaffen, damit die Grundrechte gegenüber dem Staat zur Wirksamkeit gelangen. Die juristische Person erweist sich hier als Medium der Grundrechtssicherung und Grundrechtserhaltung im Verhältnis zum Staat, dieses ist die Grundlage ihrer Grundrechtsfähigkeit.

Neben dieser gegen den Staat gerichteten Funktion der Grundrechtssicherung entfalten Organisations- und Verfahrensregelungen aber auch in einem anderen Bereich eine wichtige Bedeutung: Organisation und Verfahren erweisen sich als – möglicherweise sogar einziges – Mittel, die es, eher als der Gedanke der Teilhaberechte ermöglichen, den veränderten Bedingungen menschlicher Freiheit im modernen Staat gerecht zu werden und der steigenden Gefahr einer Kollision von Freiheitsrechten und der sie verbürgenden Grundrechtspositionen vorzubeugen[61]. Die Konkurrenz mehrerer Inhaber gleicher Grundrechte erfordert Zuteilungs- und Willensbildungsverfahren oder sonstige organisatorische Leistungen, die einen Interessen- und Leistungsausgleich und die teils kollektive, teils individuelle Grundrechtsverwirklichung für jeden der beteiligten Grundrechtsinhaber ermöglichen[62]. Dabei können sowohl staatliche als auch nichtstaatliche, also gesellschaftliche Leistungen oder Einrichtungen in Betracht

[60] Siehe oben in diesem Kapitel unter B II 2 b.

[61] *Hesse*, Grundzüge des Verfassungsrechts der Bundesrepublik Deutschlannd, Rn. 360 m.w.N.; *ders.* in: Benda / Maihofer / Vogel, Handbuch des Verfassungsrechts, S. 101 f.

[62] *Denninger* in: Isensee / Kirchhof, HdbStR V, § 113 Rn. 7.

kommen[63]. Es geht also um die Bedeutung der objektiv-rechtlichen Funktion der Grundrechte im Sinne der Sicherung von Kollisions- und Konfliktlagen im Verhältnis *zwischen den Grundrechtsträgern*. Eine derartige Funktion ist auch nicht etwa nur bestimmten Grundrechten vorbehalten. Vielmehr kann jedes Grundrecht, unabhängig davon, ob und in welchem Umfang es zu seiner Ausübung staatlichen Schutzes oder vorgängiger staatlicher Anerkennung bedarf, zu einem verfahrensbetroffenen Recht werden, wenn es durch Hoheitsträger oder Private angegriffen wird[64].

Sind bislang aus der objektiven Funktion der Grundrechte im Sinne der Sicherung von Kollisions- und Konfliktlagen im Verhältnis der Grundrechtsträger untereinander lediglich Auswirkungen in subjektiv-rechtlicher Hinsicht, d.h. also unter dem Gesichtspunkt des Bestehens von Ansprüchen des Bürgers auf staatliches Tätigwerden in diesem Bereich, untersucht worden[65], soll nun im Zusammenhang mit der Grundrechtsfähigkeit des Betriebsrats nachgewiesen werden, daß dieser Aspekt auch bei der Herleitung der abstrakten Grundrechtsfähigkeit im Rahmen von Art. 19 III GG von Bedeutung ist.

2. Die Anforderungen an die Herleitung der abstrakten Grundrechtsfähigkeit unter dem Gesichtspunkt der Grundrechtssicherung durch Organisation und Verfahren im Verhältnis der Grundrechtsträger zueinander

Zunächst gilt es, die Voraussetzungen zu ermitteln, unter denen eine staatsfreie Institution dergestalt der Regelung von Konflikts- und Kollisionslagen zwischen den Grundrechtsträgern dient, daß unter dem Gesichtspunkt der objektiv-rechtlichen Funktion der Grundrechte in ihrer Ausprägung als grundrechtssichernde Organisations- und Verfahrensrechte auch die Zuerkennung einer Grundrechtsfähigkeit geboten ist. Naturgemäß stehen nämlich alle Grundrechtsträger – und damit auch die juristischen Grundrechtspersonen – permanent in Grundrechtskollisionen mit anderen Grundrechtsträgern. Allein das Enstehen eines derartigen Konfliktfeldes im Zusammenhang mit der Betätigung der potentiellen Grundrechtsperson kann deshalb noch nicht zu Rückschlüssen

[63] *Denninger*, a.a.O.; *Jarass / Pieroth* Vorb. vor Art. 1 Rn. 8, 11; *Starck* in: Festschrift 25 Jahre BVerfG, Band II, 1976, S. 480, 488.

[64] *Denninger* in: Isensee / Kirchhof, HdbStR V, § 113 Rn. 18.

[65] Vgl. hierzu insbes. *Stern*, Staatsrecht III / 1, S. 978 ff.

auf die positive Beantwortung der Wesensfrage führen. Organisations- und Verfahrensregelungen müssen aber dann an Bedeutung gewinnen, wenn es darum geht, daß der Lebenszweck einer juristischen Person darin besteht, nicht nur in diesem Konfliktfeld tätig zu sein, sondern ein schon bestehendes Konfliktfeld zur Sicherung sowie Gewährleistung der Grundrechtsverwirklichungen zugunsten einer Seite zu lösen. Dann nämlich *dient* die potentielle Grundrechtsperson auch der Grundrechtsverwirklichung der natürlichen Personen in ihrer objektivrechtlichen Ausprägung. Es muß also eine für die Grundrechtsverwirklichung *konstitutive* Aufgabenstellung der potentiellen Grundrechtsperson bestehen. Genauso, wie diese für die Ausübung der Grundrechte der natürlichen Personen konstitutive Wirkung von Organisations- und Verfahrensregelungen hinsichtlich der Hochschulen und Rundfunkanstalten im Verhältnis des Bürgers zum Staat feststellbar ist, kann sie auch im Verhältnis der Grundrechtsadressaten untereinander vorhanden sein und muß dann im gleichen Maße auch für die Grundrechtsfähigkeit von Bedeutung sein. Mit der organisationsrechtlichen Ausgestaltung von Grundrechten muß deren prozeßrechtlicher Schutz Schritt halten[66]. Geht es um die Sicherung staatsfrei organisierter Grundrechtssubstanz, ist es also schon wegen der rechtspraktischen Konsequenz der Verfassungsbeschwerdebefugnis zulässig und geboten, auch der Institution Grundrechtsmacht zuzuerkennen, die dieser Sicherung vornehmlich dient[67]. Was insoweit für die Organisationen, die diese Sicherungsfunktion im Verhältnis zum Staat wahrnehmen, anerkannt ist, muß auch für jene Organisationen gelten, die diese Funktion im Verhältnis der Grundrechtsberechtigten untereinander wahrnehmen.

Allerdings ist zu beachten, daß dieser Ansatz sich nur auf die *abstrakte* Anwendbarkeit der Grundrechte auf den potentiellen Grundrechtsträger beziehen kann, ohne daß damit zugleich konkrete Rückschlüsse auf die Anwendbarkeit einzelner Grundrechte gezogen werden können. Dient eine juristische Person im dargestellten Sinne der Grundrechtsverwirklichung der natürlichen Personen, ist es gerechtfertigt, sie in den Kreis der abstrakt grundrechtsfähigen Rechtssubjekte aufzunehmen und daraufhin die konkret auf sie anwendbaren Einzelgrundrechte zu prüfen. Insoweit können also Unterschiede zu jenen Grundrechtspersonen, wie den Rundfunkanstalten und den Hochschulen, die die Grundrechtssicherungsfunktion unmittelbar im Verhältnis zum Staat wahrnehmen, bestehen. Während dort die für die Ermittlung der abstrakten Grundrechtsfähigkeit maß-

---

[66] *Starck* (Fn. 63), S. 493 und 504.

[67] *Bethge*, Die Grundrechtsberechtigung juristischer Personen nach Art. 19 Abs. 3 Grundgesetz, 1985, S. 81, 85.

geblichen Grundrechte auch für den Umfang der Grundrechtsfähigkeit selbst bedeutend sind, bedarf es bei den hier dargestellten Grundrechtspersonen hinsichtlich der konkret anwendbaren Grundrechte im Verhältnis zum Staat einer weiteren Prüfung, da sich deren abstrakte Grundrechtsfähigkeit aus der Kollisionslage zu anderen Grundrechtssubjekten ableitet.

3. Das Betriebsverfassungsrecht als Ausdruck der objektiv-rechtlichen Funktion der Grundrechte

a) Der Meinungsstand in Literatur und Rechtsprechung zur verfassungsrechtlichen Grundlage der Betriebsverfassung

In der Literatur gehen die Meinungen auseinander, auf welcher verfassungsrechtlichen Grundlage das Betriebsverfassungsrecht steht. Dabei werden sowohl allgemeine Staatsprinzipien als auch schon einzelne Grundrechte genannt. Vereinzelt wird dabei auf das Demokratieprinzip zurückgegriffen, daß unter dem Gesichtspunkt einer betrieblichen Demokratie ein wesentliches Fundament der Betriebsverfassung bilden soll[68]. Ein beachtlicher Teil der Literatur betrachtet hingegen allein das Sozialstaatsprinzip als entscheidende verfassungsrechtliche Grundlage des BetrVG. Insoweit wird aus dem Sozialstaatsprinzip die Pflicht des Gesetzgebers abgeleitet, ein Recht der Mitbestimmung zu schaffen, um den Gedanken der Selbstbestimmung, der den im Grundrechtskatalog genannten Freiheitsrechten zugrunde liegt, für die Arbeitnehmer im Betrieb und Unternehmen zu verwirklichen[69]. Demgegenüber hat sich Kempen eingehend mit der Herleitung eines grundrechtlichen Fundaments der Betriebsverfassung beschäftigt und die Bedeutung von Organisation und Verfahren als Ausdruck grundrechtlicher Funktion herausgearbeitet[70]. Dabei sieht er Art. 12 GG im Sinne einer Berufsfreiheit der Arbeitnehmer sowie die Art. 2 I und 9 III GG als

---

[68] Vgl. *Hueck / Nipperdey* II / 2, S. 1062; in dieser Richtung auch *Küchenhoff*, RdA 1969, 97, 98.

[69] So schon *Hueck / Nipperdey* II / 1, S. 46 / 47; ebenso *Dietz / Richardi* vor § 1 Rn. 22; *Hess / Schlochauer / Glaubitz* vor § 1 Rn. 40; siehe auch *Battis*, NVwZ 1986, 884, 886, der für das Personalvertretungsrecht aber schon auf dessen wichtige Bedeutung zur Wahrung der Menschenwürde und Persönlichkeitsentfaltung hinweist.

[70] *Kempen*, AuR 1986, 129 ff.; *ders.*, AuR 1988, 271 ff.; ihm folgend *Trümmer* in: D. / K. / K. / S., § 1 Rn. 5 ff.

weitere Grundlagen einer objektiv-rechtlichen Funktion an und leitet hieraus einen Bestandsschutz der Betriebsverfassung ab[71].

Das BVerfG hat im Hinblick auf die Personalvertretung ausgesprochen, daß ihre „Wurzeln" im Sozialstaatsgedanken, gleichzeitig aber auch in den Grundrechtsverbürgungen der Art. 1, 2 und 5 I GG liegen[72], ohne dieses aber in dogmatischer Sicht näher zu spezifizieren. In einer jüngeren Entscheidung zum Betriebsverfassungsrecht hat es aber deutlich herausgestellt, daß es in der Betriebsverfassung nicht mehr allein um die Frage geht, in welchem Umfang das Grundrecht der Berufsfreiheit des Arbeitgebers eingeschränkt werden darf, sondern darum, die widerstreitenden Grundrechtspositionen von Arbeitgeber *und* Arbeitnehmer in Ausgleich zu bringen[73]. So lasse Art. 12 GG – hier für den Bereich der Einschaltung einer Einigungsstelle nach § 76 V BetrVG – Raum, eine Konkordanz der Berufsfreiheit des Arbeitgebers und den bei ihm beschäftigten Arbeitnehmern herbeizuführen[74]. Daß auch die Arbeitnehmer sich im Rahmen ihrer Beschäftigung auf Art. 12 GG berufen können, hatte das BVerfG schon in seinem Urteil zur Unternehmensmitbestimmung festgestellt[75].

Gegen eine positive Verankerung der Mitbestimmung in den Grundrechten der Arbeitnehmer sind aber gerade in jüngster Zeit wieder Einwände erhoben worden. Loritz[76] lehnt im Zusammenhang mit der Frage einer Erweiterung der betrieblichen Mitbestimmung jegliche Verankerung der Mitbestimmung in Grundrechten der Arbeitnehmer ab. Nach ihm stellt die Verfassung allein eine äußerste Grenze dar, bis zu der die Mitbestimmung des Betriebsrats reichen kann, sie vermag aber für deren positive Verankerung nichts herzugeben[77]. Auch nach von Hoyningen-Huene[78] gibt es keine verfassungsrechtliche Pflicht des Gesetzgebers zur institutionellen Absicherung der Mitbestimmungsrechte der Arbeitnehmer, so daß sich die Legitimation zur Einführung der Mitbestimmung im Betrieb allein aus dem Demokratieprinzip sowie aus der Sozialbindung des Eigentums im Sinne von Art. 14 GG ergebe.

---

[71] *Kempen*, AuR 1986, 129, 132 ff.

[72] BVerfGE 28, 314, 323.

[73] BVerfG in AP Nr. 15 zu § 87 BetrVG 1972 Arbeitszeit, unter II 1.

[74] BVerfG, a.a.O.

[75] Vgl. BVerfGE 50, 290, 364 f.

[76] *Loritz*, ZfA 1991, 1, 14 ff.

[77] *Loritz*, ZfA 1991, 1, 17.

[78] *von Hoyningen-Huene*, MünchArbR, Bd. 3, § 289 Rn. 3, 13, 14.

b) Zwischenergebnis

Einigkeit dürfte heute dahingehend bestehen, daß aus dem Sozialstaatsprinzip allein nichts über die Grundlage der Einführung der Mitbestimmung, insbesondere also eine dahingehende Pflicht des Gesetzgebers, abgeleitet werden kann[79]. Der Grund hierfür liegt in der Unbestimmtheit dieses Verfassungsgrundsatzes. Dementsprechend geht auch das BVerfG davon aus, daß nur in besonders gelagerten Ausnahmefällen das Sozialstaatsprinzip unmittelbar als Legitimationsgrundlage gesetzgeberischer Pflichten angesehen werden kann[80].

Auch das Demokratieprinzip vermag als Legitimationsbasis nichts weiter herzugeben. Zunächts umschreibt das Demokratieprinzip nur eine Reihe von Einzelmerkmalen, läßt sich also nicht einheitlich definieren[81]. Darüber hinaus beziehen sich diese Merkmale allein auf den Typus einer bestimmten *Staatsform*, können aber nicht verbindlich auf gesellschaftliche Bereiche, insbesondere also die Mitbestimmung auf betrieblicher Ebene, übertragen werden[82]. Die demokratische Struktur der Betriebsverfassung erweist sich als wichtiges Element der *inneren* Gestaltung der Mitbestimmung der Arbeitnehmer, kann aber nicht zugleich zu deren Legitimation bis hin zu einer Verpflichtung des Gesetzgebers zu deren Einführung herangezogen werden.

Damit drängt sich der Nachweis einer Herleitung des Betriebsverfassungsrechts aus den Einzelgrundrechten auf.

c) Das Betriebsverfassungsgesetz als durch die Grundrechte der Art. 12 I und 2 I GG gebotene Organisations- und Verfahrensgestaltung

aa) Die grundrechtliche Verknappungslage hinsichtlich Art. 12 GG

Durch die Begründung des Arbeitsvertrags und die Eingliederung des Arbeitnehmers in den Arbeitsprozeß bzw. Produktionsablauf läßt sich im Hinblick auf das Grundrecht aus Art. 12 I GG das Vorhandensein jener Gefahren der Grund-

---

[79] *Kempen* AuR 1986, 129, 130; *Loritz*, ZfA 1991, 1, 15.

[80] BVerfGE 52, 283, 298; einen solchen Ausnahmefall stellt der Anspruch auf das Existenzminimum dar, vgl. hierzu BVerfGE 82, 60, 85.

[81] *Schnapp* in: von Münch / Kunig, Art. 20 Rn. 11.

[82] *Schnapp*, a.a.O.; *Thiele* in: GK-BetrVG (4. Aufl.), Einl. 21.

rechtskollision und -verknappung nachweisen, zu deren Regelung Organisations- und Verfahrensregelungen geboten sind.

Ausgangspunkt hierfür muß die Tatsache sein, daß dem Arbeitnehmer im gleichen Umfang wie dem Arbeitgeber das Grundrecht der Berufsfreiheit zusteht, wobei in diesem Zusammenhang der Begriff der Erwerbsfreiheit gebraucht wird[83]. Wer demgegenüber die Grundrechtsausübung des Arbeitnehmers durch die „freie Wahl" seines Vertragspartners erschöpft sieht[84], geht vor dem Hintergrund der allgemeinen Verknappung von Arbeitsplätzen nicht nur von unzutreffenden gesellschaftlichen Realitäten aus, sondern reduziert auch zugleich die Wirkung von Art. 12 I GG auf die Stufe bloßer Vertragsautonomie. Art. 12 I GG umfaßt vielmehr auch das Grundrecht der abhängigen Arbeit[85]. Dieses bedeutet aber, daß nicht nur das „ob" sondern auch das „wie" dieser Grundrechtsrealisierung in der Hand des – regelmäßig ebenfalls grundrechtsberechtigten – Arbeitgebers liegen, womit die Gefahr einer Grundrechtsverknappung vorprogrammiert ist.

An diesem Punkt setzt nunmehr die objektiv-rechtliche Bedeutung von Art. 12 I GG an: aufgrund der gesellschaftlichen Gefahren für die Grundrechtsverwirklichung der Arbeitnehmer resultiert aus Art. 12 GG der an den Gesetzgeber gerichtete Auftrag, jene organisatorischen und verfahrensrechtlichen Sicherungen zu geben, die der Schaffung und Erhaltung einer freiheitlichen, chancengleichen Arbeits- und Berufsordnung dienen[86].

bb) Die grundrechtliche Verknappungslage hinsichtlich Art. 2 I GG

Für das Arbeitsverhältnis läßt sich über Art. 12 I GG hinaus auch eine weitere grundrechtliche Verknappungslage im Hinblick auf das Grundrecht der allgemeinen Handlungsfreiheit in seiner Ausprägung als allgemeines Persönlichkeitsrecht[87] feststellen. Zwar verdrängt Art. 12 I GG als umfassendes Freiheits- und Persönlichkeitsrecht des erwerbstätigen Menschen auf den Gebieten

---

[83] Vgl. *Scholz* in: Maunz / Dürig, Art. 12 Rn. 21 unter Hinweis auf BVerfGE 21, 261, 266; 22, 380, 383; 30, 392, 335.

[84] So *von Hoyningen-Huene*, MünchArbR, Bd. 3, § 289 Rn. 14.

[85] *Gamillscheg*, Die Grundrechte im Arbeitsrecht, 1990, S. 58.

[86] *Schneider* in: VVDStRL 43 (1985), S. 7, 40; *Häberle*, JZ 1984, 345, 353.

[87] Zum Inhalt und Umfang des allgemeinen Persönlichkeitsrechts aus Art. 2 I GG, siehe nur *Kunig* in von Münch / Kunig, Art. 2 Rn. 30 ff.

„Beruf", „Arbeit" und „Ausbildung" das allgemeinere Recht auf freie Entfaltung der Persönlichkeit vollständig[88]. Eigenständige Bedeutung neben der Berufsfreiheit hat das Recht der freien Entfaltung der Persönlichkeit gemäß Art. 2 I GG aber insoweit, als es um das nicht nur berufsrechtlich relevante allgemeine Persönlichkeitsrecht geht. Für den Bereich des Berufs- und Arbeitslebens ergibt sich aus Art. 2 I GG beispielsweise das Recht auf menschenwürdige Arbeitsbedingungen, das selbständig neben den aus Art. 12 I GG resultierenden Rechten steht[89]. Daneben gilt es zu beachten, daß die im betrieblichen Arbeitsprozeß möglichen Verletzungen der Persönlichkeit des Arbeitnehmers keineswegs durchweg arbeitsspezifischer Natur sind, so daß § 75 II BetrVG, der es Arbeitgeber und Betriebsrat aufgibt, die freie Persönlichkeitsentfaltung der im Betrieb beschäftigten Arbeitnehmer zu schützen und zu fördern, also nicht etwa nur rein deklaratorischer Natur ist[90]. Das Arbeitsverhältnis ist kein allein auf den Bereich des Art. 12 I GG reduzierbares grundrechtliches Konfliktfeld, sondern bildet einen Teil der Persönlichkeit, so daß sich die Schutzbereiche der Art. 2 I und 12 GG überschneiden[91]. Gerade wegen der Eingliederung des Arbeitnehmers in die Organisations- und Weisungssphäre des Arbeitgebers entstehen typische Kollisionslagen und Verknappungen im Hinblick auch auf das allgemeine Persönlichkeitsrecht. Auch hier bedarf es grundrechtswahrender Organisations- und Verfahrensregelungen.

cc) Der Betriebsrat als Instrument zur Lösung der grundrechtlichen Kollisions- und Verknappungslage

Grundrechtsverwirklichung durch Organisation und Verfahren bedeutet nicht die Herstellung eines tatsächlichen Zustandes, sondern allein die Schaffung von rechtlichen und faktischen Voraussetzungen, welche dem einzelnen die reale Möglichkeit der Grundrechtsausübung eröffnen[92]. Geht es also bei der Grundrechtsverwirklichung niemals um den tatsächlichen Freiheitsgebrauch, sondern immer nur um die Bedingungen seiner realen Möglichkeit, so bedeutet dieses

---

[88] Std. Rspr. seit BVerfGE 6, 32, 37; zuletzt BVerfGE 68, 193, 223 f.; 70, 1, 32; 77, 84, 118.

[89] *Scholz* in: Maunz / Dürig, Art. 12 Rn. 116; a.A. *Schneider* in: VVDStRL 43 (1985), S. 7, 38 f.

[90] *Kempen* AuR 1986, 129, 134, der als Beispiel den Problembereich des betrieblichen Datenschutzes nennt.

[91] So auch *Gamillscheg*, Die Grundrechte im Arbeitsrecht, S. 48, der zudem noch Art. 1 GG miteinbezieht.

[92] *Schneider* in: VVDStRL 43 (1985), S. 7, 22 f.

für die potentielle Grundrechtsperson, daß deren Aufgabenbereich auf die Schaffung eben jener faktischen und rechtlichen Voraussetzungen für die Grundrechtsverwirklichung der hinter ihr stehenden natürlichen Personen gerichtet sein muß, der sie dienen soll. Es muß also ein positiver Verwirklichungsauftrag bestehen, der abgesichert durch entsprechende Verfahren und Kompetenzen schon im Vorfeld bereits möglicher Eingriffe die Bedingungen der Grundrechtsrealisierung schafft.

Stellt man auf das BetrVG in seiner Gesamtheit ab, so obliegt dem Betriebsrat schon im Hinblick auf den Regelungszweck des BetrVG, nämlich die Selbstbestimmung der Arbeitnehmer am Arbeitsplatz zu schützen und zu gewährleisten, ein Auftrag zur Verwirklichung von Grundrechtsverbürgungen der Art. 12 und 2 I GG[93]. Darüber hinaus kann diese konstitutive Aufgabenstellung aber auch an einzelnen Bestimmungen des BetrVG verdeutlicht werden, die dem Betriebsrat im Zusammenhang mit der spezifisch arbeitsrechtlichen Gemengelage der Grundrechte aus Art. 2 I und 12 GG einen positiven Verwirklichungsauftrag geben.

Nach § 87 I Nr. 1 BetrVG hat der Betriebsrat bei Fragen der Ordnung des Betriebs und des Verhaltens der Arbeitnehmer mitzubestimmen. Dieses Mitbestimmungsrecht betrifft die Gestaltung der Ordnung des Betriebs im Sinne einer Schaffung allgemeiner und verbindlicher Verhaltensregeln, durch die der ungestörte Arbeitsablauf und das reibungslose Zusammenwirken und Zusammenleben der Arbeitnehmer im Betrieb gewährleistet werden soll[94]. Geht es in diesem Zusammenhang um die Einführung von Torkontrollen, Stechuhren oder Kleiderordnungen, so können erhebliche Eingriffe in das berufsrechtliche, aber auch das allgemeine Persönlichkeitsrecht der Arbeitnehmer entstehen. Durch die Mitwirkung des Betriebsrats sowohl bei der Einführung als auch der Ausgestaltung derartiger Kontrolleinrichtungen werden nun diejenigen organisatorischen und verfahrensmäßigen Rahmenbedingungen geschaffen, durch die schon im Vorfeld einseitiger Eingriffe des Arbeitgebers den grundrechtlichen Anforderungen Rechnung getragen und ein Ausgleich zwischen den widerstreitenden Rechtspositionen der Beteiligten herbeigeführt wird. Besonders deutlich wird dieses bei dem sicherlich empfindlichsten von § 87 I Nr. 1 BetrVG mit um-

---

[93] So auch *Kempen*, AuR 1986, 129, 133 f.

[94] Std. Rechstpr. des BAG, vgl. nur BAG AP Nr. 2 Bl. 3 zu § 87 BetrVG 1972 Arbeitssicherheit; AP Nr. 3 Bl. 2 zu § 87 BetrVG 1972 Ordnung des Betriebes; zuletzt BAG in DB 1993, 990; ebenso *Hess / Schlochauer / Glaubitz* § 87 Rn. 99; *Dietz / Richardi* § 87 Rn. 139; *Wiese* in: GK-BetrVG, § 87 Rn. 128; *Klebe* in: D. / K. / K. / S., § 87 Rn. 42.

faßten Eingriff, der Betriebsbuße[95]. Sollen bei Verstößen gegen die betriebliche Ordnung Betriebsbußen verhängt werden, so ist das nur möglich, wenn zuvor eine betriebliche Bußordnung eingeführt worden ist, die ebenso der Mitbestimmung des Betriebsrats unterliegt, wie die Verhängung der Buße im konkreten Einzelfall[96]. Der mit der Verhängung einer Betriebsbuße einhergehende Eingriff in das Persönlichkeitsrecht kann also nur bei entsprechender verfahrensmäßiger Absicherung gerechtfertigt werden. Damit wird die grundrechtliche Verteidigungslinie auf die kollektive Ebene vorverlegt[97], die Mitbestimmungsrechte des Betriebsrats gewährleisten durch organisatorische bzw. verfahrensmäßige Absicherung den individuellen Grundrechtsschutz. Dieses muß um so mehr gelten, wenn man mit einer Meinung in der Literatur die gerichtliche Kontrolle von Betriebsbußen einschränken will[98], weil dann die Mitwirkung des Betriebsrats zu einer teilweisen Präklusion von Einwendungen des Arbeitnehmers gegen die Buße führt.

Die gleiche Situation stellt sich bei § 87 I Nr. 6 BetrVG. Bei dieser Vorschrift geht es um eine Verhaltens- und Leistungskontrolle der Arbeitnehmer durch technische Einrichtungen. Derartige Einrichtungen betreffen in besonderer Weise den persönlichen Bereich der Arbeitnehmer im Zusammenhang mit der Ausübung ihrer Berufsfreiheit. Auch hier erfüllt das Mitbestimmungsrecht des Betriebsrats die Aufgabe eines präventiven Schutzes gegen unzulässige Eingriffe in den Persönlichkeitsbereich der Arbeitnehmer[99]. Das BAG geht sogar soweit, die wirksame Mitbestimmung des Betriebsrats bei der Einführung einer derartigen Einrichtung ausdrücklich als hinreichende Legitimation für Eingriffe in den Persönlichkeitsbereich der Arbeitnehmer zu sehen[100]. Damit reduziert sich der Grundrechtsschutz aus Art. 12 bzw. 2 I GG allein auf den organisa-

---

[95] Betriebsbußen werden nach h.M. als zulässig angesehen, vgl. BAG AP Nr. 1, Bl. 502 und Nr. 2, Bl. 756 zu § 118 BetrVG 1972 Betriebsbuße; *Wiese* in: GK-BetrVG, § 87 Rn. 166; *Fitting / Auffarth / Kaiser / Heither* § 87 Rn. 36; *Dietz / Richardi* § 87 Rn. 158 ff.; *Hess / Schlochauer / Glaubitz* § 87 Rn. 126 ff.

[96] BAG, DB 1990, 483, 484.; *Hess / Schlochauer / Glaubitz* § 87 Rn. 129; *Fitting / Auffarth / Kaiser / Heither* § 87 Rn. 38; *Wiese* in: GK-BetrVG, § 87 Rn. 190; *Klebe* in: D. / K. / K. / S., § 87 Rn. 62; *Galperin / Löwisch* § 87 Rn. 78.

[97] *Gamillscheg*, Die Grundrechte im Arbeitsrecht, 1990, S. 48.

[98] So *Fitting / Auffarth / Kaiser / Heither* § 87 Rn. 41; *Nikisch*, Arbeitsrecht III, S. 420.

[99] *Wiese* in: GK-BetrVG, § 87 Rn. 343; *Fitting / Auffarth / Kaiser / Heither* § 87 Rn. 65a; *Klebe* in: D. / K. / K. / S., § 87 Rn. 135.

[100] Vgl. BAG in AP Nr. 1, Bl. 2; Nr. 2, Bl. 2 R; Nr. 4, Bl. 3 R; Nr. 7, Bl. 16 R; Nr. 9, Bl. 4 zu § 87 BetrVG 1972 Überwachung; kritisch hierzu *Wiese* in: GK-BetrVG, § 87 Rn. 344.

tions- und verfahrensrechtlichen Gehalt dieser Grundrechte, wahrgenommen durch den Betriebsrat. Auch hier ist also die grundrechtliche Verteidigungslinie auf die kollektive Ebene vorverlagert[101].

Schließlich können auch die §§ 90, 91 BetrVG als deutliches Beispiel für einen positiven grundrechtlichen Gestaltungsauftrag des Betriebsrats im dargestellten Sinne genannt werden. Zweck der Vorschriften ist die Humanisierung der Arbeit bei der Gestaltung von Arbeitsplatz, Arbeitsablauf und Arbeitsumgebung[102]. Die aktive Nutzung dieser Beteiligungs- und Mitbestimmungsrechte versetzt den Betriebsrat, insbesondere im Zusammenhang mit der Einführung neuer Technologien, in die Lage, gestaltend Einfluß zu nehmen[103]. Es geht um die am Menschen orientierte Gestaltung der Arbeitsbedingungen und damit um Grundrechtsgewährleistungen der Art. 12 und 2 I GG. Auch hier steht aber ein präventiver Schutz der Arbeitnehmer im Mittelpunkt[104] Die Mitwirkung des Betriebsrats stellt also auch hier ein Instrument der Grundrechtsverwirklichung durch Organisation und Verfahren dar.

4. Ergebnis

Die Tätigkeit des Betriebsrats vollzieht sich im außerstaatlichen Bereich. Die betriebsverfassungsrechtliche Rechtsstellung und Aufgabenwahrnehmung des Betriebsrats erweist sich dabei als Ausdruck verfassungsrechtlich gebotener Organisations- und Verfahrensgestaltung zur Verwirklichung der Grundrechtspositionen der Arbeitnehmer aus den Grundrechten der Art. 2 I und 12 GG. In diesem Sinne dient der Betriebsrat der Grundrechtsverwirklichung der Arbeitnehmer als den hinter ihm stehenden natürlichen Personen und ist damit auch als abstrakt grundrechtsfähig anzuerkennen.

Damit sind die Grundrechte gemäß Art. 19 III GG ihrem Wesen nach auf den Betriebsrat anwendbar.

---

[101] *Gamillscheg*, Die Grundrechte im Arbeitsrecht, 1990, S. 47.

[102] *Wiese* in: GK-BetrVG, vor § 90 Rn. 3; *Fitting / Auffarth / Kaiser / Heither* § 90 Rn. 2.

[103] *Gnade / Kehrmann / Schneider / Blanke / Klebe* § 90 Rn. 1.

[104] *Wiese* in GK-BetrVG, § 90 Rn. 1; *Dietz / Richardi* § 90 Rn. 2, § 91 Rn. 1; ähnlich *Fitting / Auffarth / Kaiser / Heither* vor § 89 Rn. 74.

Fünftes Kapitel

Die konkret auf den Betriebsrat anwendbaren Grundrechte

A. Die Voraussetzungen der Anwendbarkeit der Grundrechte im einzelnen

Stand bei der Frage der abstrakten Grundrechtsfähigkeit noch die generelle Tauglichkeit der Organisation als Grundrechtssubjekt im Mittelpunkt, so geht es im Rahmen der konkreten Grundrechtsfähigkeit nunmehr darum, zu prüfen, welcher einzelne grundrechtliche Schutzbereich auf die abstrakt grundrechtsfähige Organisation anwendbar ist. Es gilt also festzustellen, welche konkreten grundrechtlichen Freiheitsräume die Grundrechtsperson, hier der Betriebsrat, hat.

Für diese Prüfung bedarf es zunächst einer Auseinandersetzung mit den zur Ermittlung der konkreten Grundrechtsfähigkeit maßgeblichen Bemessungskriterien.

I. Die korporative Ausübbarkeit eines Grundrechts als erstes Kriterium der konkreten Grundrechtsfähigkeit

Schon an anderer Stelle wurde darauf hingewiesen, daß bestimmte Grundrechte von ihrem Schutzbereich her nur auf natürliche Personen anwendbar sind[1]. Das Bestehen der korporativen Ausübbarkeit eines Grundrechts erweist sich also als erste Voraussetzung der konkreten Rechtsfähigkeit und damit zugleich auch als erste Ausprägung der bloß partiellen Rechtsfähigkeit der juristischen Grundrechtsperson. In diesem Zusammenhang scheidet die Anwendung der Grundrechte der Art. 1 I GG (Garantie der Menschenwürde), Art. 2 II in Verbindung mit Art. 104 GG (Leben, körperliche Unversehrtheit, Freiheit der Person), Art. 3 II GG (Gleichberechtigung von Mann und Frau), Art. 4 III GG (Recht der Kriegsdienstverweigerung aus Gewissensgründen), Art. 6 GG (Ehe

---

[1] Siehe oben im 1. Kapitel unter C I.

und Familie), Art. 7 II GG (Elternrecht im Bereich des Religionsunterrichts) und Art. 16 GG (Asylrecht) *generell* auf juristische Personen aus. Das ist unumstritten[2].

II. Das Bestehen einer einfach-rechtlichen Rechtsfähigkeit als zweites Kriterium der konkreten Grundrechtsfähigkeit

Ist das Vorhandensein einer zumindest partiellen einfach-rechtlichen Rechtsfähigkeit schon im Hinblick auf den Begriff der juristischen Person im Sinne von Art. 19 III GG für die Anerkennung als Grundrechtsperson zu fordern[3], so wirkt sich dieses auch auf der Ebene der konkreten Grundrechtsfähigkeit aus. Die Grundrechtsfähigkeit kann niemals weiter reichen, als die einfach-rechtliche Rechtsfähigkeit. Die Grenze der Rechtsfähigkeit der juristischen Person bildet auch die Grenze ihrer Grundrechtsfähigkeit, die darum in einem weiteren Sinne eine partielle ist[4]. Für die Ermittlung der konkreten Grundrechtsfähigkeit bedeutet dieses bei nach einfachem Recht nur teilrechtsfähigen Gebilden, daß eine Gegenüberstellung der bestehenden einfach-rechtlichen Positionen oder Kompetenzen mit dem jeweiligen grundrechtlichen Schutzbereich zu erfolgen hat.

Hinsichtlich des Betriebsrats kommt es dabei auf eine genaue Prüfung der ihm durch das BetrVG sowie den anderen arbeitsrechtlichen Normen eingeräumten Rechtspositionen an. Diese müssen daraufhin untersucht werden, ob sie dem Betriebsrat einen grundrechtlichen Betätigungsbereich eröffnen. Für einige Grundrechte bedeutet dies, daß sie von vorneherein ausscheiden, für andere wiederum kann erst nach einer genaueren Untersuchung eine Aussage getroffen werden.

Zu den Grundrechten, die hinsichtlich des Betriebsrats schon von vorneherein mangels einfach-rechtlicher Rechtsfähigkeit auszugliedern sind, gehört das Grundrecht aus Art. 11 GG (Freizügigkeit): Betriebsräte sind in Entstehung und

---

[2] Vgl. *Stern*, Staatsrecht III / 1, S. 1126; *Bethge*, Die Grundrechtsberechtigung juristischer Personen nach Art. 19 Abs. 3 Grundgesetz, 1985, S. 38; *Krebs* in: von Münch / Kunig, Art. 19 Rn. 34; *Rüfner* in: Isensee / Kirchhof, HdbStR V, § 116 Rn. 37; *Maunz-Zippelius*, Deutsches Staatsrecht, S. 139; *Zimmermann*, Der grundrechtliche Schutzanspruch juristischer Personen des öffentlichen Rechts, 1993, S. 138.

[3] Siehe oben im 3. Kapitel unter A.

[4] *Dürig* in: Maunz / Dürig, Art. 19 Abs. III Rn. 29; *von Mutius* in: BK, Art. 19 Abs. 3 Rn. 69; *Rüfner* in: Isensee / Kirchhof, HdbStR V, § 116 Rn. 55; *Achterberg* in: Gedächtnisschrift für F. Klein, 1977, S. 1, 15.

Dasein räumlich an den jeweiligen Betrieb gebunden und haben auf diese räumliche Bindung auch keinen Einfluß[5]. Eine Rechtsfähigkeit im Bereich der Freizügigkeit muß insoweit schon rechtslogisch ausscheiden.

Ebenso kommt aufgrund evident fehlender Rechtsfähigkeit das Grundrecht des Art. 12 (Berufsfreiheit) nicht in Betracht, da der Betriebsrat kraft einfachen Rechts in keinem Fall Tätigkeiten, die Erwerbszwecken dienen[6], auszuüben vermag.

III. Die Aufgaben- und Zweckbestimmung der jeweiligen Organisation als drittes Kriterium der konkreten Grundrechtsfähigkeit

1. Das Erfordernis eines weitergehenden Kriteriums

Die der Organisation eingeräumten einfach-rechtlichen Kompetenzen besitzen also eine wesentliche Bedeutung bei der Ermittlung der konkreten Grundrechtsfähigkeit. Doch reichen sie neben der korporativen Ausübbarkeit eines Grundrechts allein noch nicht aus, um die konkrete Grundrechtsfähigkeit zu bestimmen. Dieses liegt in erster Linie daran, daß das einfache Recht selbst in seinem Umfang nicht immer klar zu bestimmen ist oder nicht immer abschließende Regelungen enthält. Hierfür gibt das Betriebsverfassungsrecht ein deutliches Beispiel ab, wenn man die auch für die Bemessung der konkreten Grundrechtsfähigkeit entscheidende Grundsatzfrage stellt, ob den Betriebsräten nur erlaubt ist, wozu sie besonders ermächtigt sind, oder ihnen umgekehrt zunächst einmal alles erlaubt ist, was ihnen nicht eigens verboten ist[7]. Allein der Blick auf die den Umfang der Rechtsfähigkeit ausmachenden konkret geregelten Kompetenzen hilft hier nicht immer weiter. Vielmehr ist es erforderlich, sich den Unterschied zwischen den Vorgaben über die *Aufgaben* des Betriebsrats und den zur Durchführung dieser Aufgaben nutzbaren *rechtlichen Mitteln bzw. Instrumenten*

---

[5] Dem Gesetzgeber ist es auch im übrigen nicht verwehrt, den Typus der ortsgebundenen juristischen Person zu schaffen, vgl. *Rüfner* in: Isensee / Kirchhof, HdbStR V, § 116 Rn. 47.

[6] Hierauf beschränkt sich der Schutz der juristischen Personen durch Art. 12 GG, vgl. BVerfGE 74, 129, 148; *Gubelt* in: von Münch / Kunig, Art. 12 Rn. 6; *Jarass / Pieroth* Art. 12 Rn. 9; *Rüfner* in: Isensee / Kirchhof, HdbStR V, § 116 Rn. 48; *Maunz / Zippelius*, Deutsches Staatsrecht, S. 141.

[7] So *Plander*, AuR 1993, 161, 164. Vor diesem Hintergrund spielt sich letztlich auch die Auseinandersetzung zwischen *Herschel* und *Kraft* um die Freiheit des Betriebsrats und ihren Grenzen, vgl. ZfA 1984, S. 65 ff., ab.

vor Augen zu führen[8]. Als Aufgaben sieht das Gesetz die in § 80 I BetrVG geregelten allgemeinen Aufgaben sowie die in anderen Normen des BetrVG und in den Nebengesetzen bestimmten besonderen Aufgaben, bei denen die in den §§ 87 ff. BetrVG geregelten Mitbestimmungsrechte im Mittelpunkt stehen[9], vor. Mit diesen Normen hat der Gesetzgeber eine Aufgaben- und Zweckbestimmung getroffen, die abschließend fixiert ist und vom Betriebsrat nicht überschritten werden kann.[10]

Hinsichtlich der Mittel und Instrumente, die der Betriebsrat zur Durchführung dieser Aufgaben nutzen darf, enthalten hingegen das BetrVG und die Nebengesetze keinen abschließenden Ermächtigungskatalog[11]. Das BetrVG beschränkt sich vielmehr darauf, wie in § 80 II und III verschiedene operative Möglichkeiten beispielhaft zu nennen, oder wie in den §§ 74 II, 77 I Satz 2 und 79 die Grenzen der zulässigen Mittel aufzuzeigen[12].

2. Die Aufgaben- und Zweckbestimmung der Organisation als weiterer Gesichtspunkt

Bei der Ermittlung des Umfangs der konkreten Grundrechtsfähigkeit muß als weiterer Ansatz nunmehr darauf abgestellt werden, daß die Grundrechtsfähigkeit einer juristischen Grundrechtsperson unter dem weiteren Vorbehalt ihrer Zweckbestimmung durch ihre Satzung bzw. durch die Rechtsordnung steht. Hier besteht ein wesentlicher Unterschied zwischen Verfassungsrecht und dem Zivilrecht. Nach dem in Deutschland herrschenden Dogma der Vollrechtsfähigkeit gelten aus Gründen der Verläßlichkeit des Rechtsverkehrs die Schranken des internen Dürfens nicht auch für jene des externen Könnens[13]. Demgegenüber herrscht im angelsächsischen Rechtskreis die ultra-vires-Doktrin, nach der sowohl die Rechtsfähigkeit als auch die Handlungsfähigkeit eines Verbandes

---

[8] *Plander*, AuR 1993, 161, 165 ff.

[9] *Plander*, AuR 1993, 161, 165.

[10] Die gleiche fest umrissene Aufgaben- und Zweckbestimmung ist auch bei den anderen Organisationen, wie beispielsweise dem rechtsfähigen Verein im Hinblick auf dessen Satzung und die zwingenden gesetzlichen Vorgaben der §§ 21, 22 und 57 ff. BGB, vorhanden.

[11] *Plander*, AuR 1993, 161, 166.

[12] *Plander*, a.a.O.

[13] Vgl. nur *K. Schmidt*, Gesellschaftsrecht, S. 183; *Wiedemann*, Gesellschaftsrecht I, S. 525 ff.

durch den Organisationszweck begrenzt werden[14]. Für das Verfassungsrecht ist aber anerkannt, daß die für das deutsche Zivilrecht entwickelten Grundsätze insoweit keine Geltung besitzen[15]. In der Subordinationsbeziehung zwischen juristischer Person und dem Staat bedarf es gerade nicht des Vertrauensschutzes zugunsten des Staates[16]. Die juristische Person kann also nur nach der Maßgabe ihrer Wirkungsaufgaben Grundrechtsschutz gegen die öffentliche Gewalt genießen. Einem Idealverein muß nicht aufgrund von Art. 2 I GG die wirtschaftliche Betätigungsfreiheit gestattet werden[17]; auch besitzt er nicht aufgrund von Art. 12 GG den Zugang zu gewerblicher Betätigung[18]. Schließlich kann auch ein Wirtschaftsunternehmen sich nicht außerhalb seiner Satzung unter Berufung auf die Meinungsfreiheit beliebig politisch engagieren[19].

Diese Grundsätze müssen erst recht gelten, wenn eine einfach-rechtliche Teilrechtsfähigkeit im Rahmen von Art. 19 III GG als ausreichend angesehen wird, weil dann nämlich der beschränkte Umfang der Rechtsfähigkeit auch einer nur beschränkten Wirkungsaufgabe entspricht[20].

Demnach darf also die Inanspruchnahme der Grundrechte der juristischen Grundrechtsperson niemals *ultra-vires* gehen, die konkrete Grundrechtsfähigkeit der juristischen Grundrechtsperson ist also immer auf deren Zwecksetzung begrenzt[21].

Unter diesem Gesichtspunkt können in bezug auf den Betriebsrat mangels entsprechender Zwecksetzung durch das Betriebsverfassungsrecht ohne weitere Prüfung die Grundrechte der Art. 4 I und II GG (Glaubens- und Gewissensfreiheit), Art. 5 I Satz 2 GG (Presse- und Rundfunkfreiheit), Art. 5 III GG (Freiheit der Kunst, Wissenschaft, Forschung und Lehre) sowie Art. 7 IV Satz

---

[14] *K. Schmidt*, a.a.O.; *Wiedemann*, Gesellschaftsrecht I, S. 813; *Rittner*, Die werdende juristische Person, 1973, S. 268.

[15] *Isensee* in: Isensee / Kirchhoff, HdbStR V, § 118 Rn. 35; *Rüfner* in: Isensee / Kirchhoff, HdbStR V, § 116 Rn. 33; *ders.* in: AöR 89 (1964), S. 261, 267; *von Mutius* in: BK, Art. 19 Abs. 3 Rn. 44.

[16] *Wiedemann*, Gesellschaftsrecht I, S. 69; *Isensee*, a.a.O.

[17] *Rüfner* in: Isensee / Kirchhof, HdbStR V, § 116 Rn. 38.

[18] *Rüfner* in: HdbStR V, § 116 Rn. 48; *von Mutius* in: BK, Art. 19 Abs. 3 Rn. 44.

[19] *Dreher* in: ZHR 155 (1991), S. 349, 362 ff.; *Isensee* in: Isensee / Kirchhof, HdbStR V, § 118 Rn. 13.

[20] *von Mutius* in: BK, Art. 19 Abs. 3 Rn. 44; siehe auch *Rittner*, Die werdende juristische Person, 1973, S. 268.

[21] So auch *Ramm*, Die Freiheit der Willensbildung, 1960, S. 31.

1 GG (Privatschulfreiheit) ausgegliedert werden. Ebenso muß von vorneherein die Anwendung von Art. 9 III GG (Koalitionsfreiheit) auf den Betriebsrat ausgeschlossen werden, da das BertVG von einer Teilung und Trennung der Aufgaben der Betriebsräte und der Koalitionen ausgeht[22] und damit dem Betriebsrat koalitionsmäßige Betätigungen aus seiner begrenzten Aufgabenstellung heraus verwehrt sind.

Zugleich kommt dem Kriterium der Aufgaben- und Zweckbestimmung aber auch eine das Kriterium der Rechtsfähigkeit *ergänzende* Funktion zu: wenn das einfache Recht für die Frage der Grundrechtsfähigkeit nicht immer hinreichende Grundlagen liefert, kann ein Rückgriff auf die Aufgaben- und Zwecksetzung der Grundrechtsperson die entscheidenden Anhaltspunkte liefern, um Inhalt und Umfang der Grundrechtsfähigkeit zu ermitteln. So wird sich beispielsweise der Umfang der Grundrechtsfähigkeit eines nichtwirtschaftlichen Vereins nur mit dem Blick auf dessen satzungsmäßige Zwecksetzung bestimmen lassen, ohne daß die über § 21 BGB vermittelte zivilrechtliche (Voll-)Rechtsfähigkeit hier weiterzuhelfen vermag.

Für die Bemessung der konkreten Grundrechtsfähigkeit des Betriebsrats bedeutet das, daß auch den die Aufgaben- und Zweckbestimmung regelnden Normen der §§ 80 I und 87 ff. BetrVG eine wichtige Bedeutung zukommt, die ergänzend zu den Regelungen der konkreten rechtlichen Instrumente herangezogen werden müssen.

B. Die für den Betriebsrat in Frage kommenden Grundrechte

I. Art. 3 GG – das Gleichheitsgebot[23]

1. Korporative Ausübbarkeit

a) Juristische Personen des Privatrechts können sich grundsätzlich auf den Schutz des allgemeinen Gleichheitsgrundsatzes aus Art. 3 I GG berufen, ins-

[22] *Thiele* in: GK-BetrVG (4. Aufl.), Einl. 90 ff.; *Fitting / Auffarth / Kaiser / Heither* § 2 Rn. 28a; *von Hoyningen-Huene*, Betriebsverfassungsrecht, S. 84 ff.; eingehend hierzu *Richardi*, Kollektivgewalt und Individualwille bei der Gestaltung des Arbeitsverhältnisses, 1968, S. 246 ff., insbes. S. 250.

[23] Art. 2 I GG wird im Hinblick auf seine Auffangfunktion erst nach den spezielleren Freiheitsgrundrechten geprüft.

besondere steht dem die Formulierung „alle Menschen" nicht entgegen[24]. Auch den teilrechtsfähigen Gebilden steht Art. 3 I GG zumindest dem Grundsatz nach zu[25]. Allerdings werden bei der Anwendung des Gleichheitssatzes auf juristische Personen, insbesondere im Verhältnis zu natürlichen Personen, starke Einschränkungen vorgenommen[26].

b) Art. 3 II GG ist nicht korporativ ausübbar[27].

c) Die Differenzierungsverbote des Art. 3 III GG sind nur ausnahmsweise auf juristische Personen anwendbar. Diese können nur dann Träger des Grundrechts sein, wenn ihr Zusammenschluß und ihre Betätigung gerade *wegen* der in Absatz 3 genannten Merkmale erfolgt, was in erster Linie bei Vereinen, Religionsgemeinschaften, Parteien und Koalitionen der Fall sein kann[28]. Da es sich beim Betriebsrat jedoch nicht um einen freiwilligen Zusammenschluß handelt, der darüber hinaus auch nicht final auf die Verwirklichung der speziellen Merkmale des Art. 3 III GG gerichtet ist, sondern allein auf Grundrechtsverbürgungen aus den Grundrechten der Art. 2 I und 12 GG – gerichtet auf die Verwirklichung der Arbeitnehmerinteressen im Betrieb – resultiert, scheidet eine Anwendung dieses Grundrechts aus[29].

2. Einfach-rechtliche Vorgaben sowie Aufgaben- und Zweckbestimmung des Betriebsrats im Bereich des allgemeinen Gleichheitsgrundsatzes

Der allgemeine Gleichheitsgrundsatz bindet Verwaltung, Gesetzgebung und auch Rechtsprechung und verpflichtet diese, weder wesentlich Gleiches will-

---

[24] Std. Rspr. des BVerfG seit BVerfGE 4, 7, 12; *Dürig* in: Maunz / Dürig, Art. 3 Abs. I Rn. 289; *Gubelt* in: von Münch / Kunig, Art. 3 Rn. 6; *Jarass / Pieroth* Art. 3 Rn. 8.

[25] *Dürig* in: Maunz / Dürig, Art. 3 Abs. I Rn. 290; *Rüfner* in: BK, Art. 3 Abs. 1 Rn. 141; *Jarass / Pieroth* a.a.O.

[26] Vgl. hierzu *Rüfner* in: BK, Art. 3 Abs. 1 Rn. 140 sowie *ders.* in Isensee / Kirchhof, HdbStR V, § 116 Rn. 39; *Isensee* in: Isensee / Kirchhof, HdbStR V, § 118 Rn. 15 ff.

[27] Siehe oben in diesem Kapitel unter A I.

[28] *Dürig* in: Maunz / Dürig, Art. 3 Abs. III Rn. 166, 167; *von Mangoldt / Klein / Starck* Art. 3 Abs. 3 Rn. 259; für eine generelle Unanwendbarkeit dieses Grundrechts auf juristische Personen; *Stern*, Staatsrecht III / 1, S. 1126 sowie *Maunz / Zippelius*, Deutsches Staatsrecht, S. 141.

[29] A.A *Dütz*, Der Grundrechtsschutz von Betriebsräten und Personalvertretungen, 1986, S. 64.

kürlich ungleich noch wesentlich Ungleiches willkürlich gleich zu behandeln[30]. Aus den Rechtspositionen des einfachen Rechts müssen sich also Gefährdungslagen ergeben, in denen es zu willkürlichen Eingriffen seitens des Staates gegenüber dem Grundrechtssubjekt kommen kann.

Nimmt man das Rechtsverhältnis des Betriebsrats zur Exekutive in den Blick, so fehlt es an den einfach-rechtlichen Rechtsverhältnissen, aus denen sich Gefährdungslagen in bezug auf den Gleichheitsgrundsatz ergeben könnten. Betriebsräte befinden sich im Rahmen ihrer Rechtsfähigkeit und Aufgabenwahrnehmung eben nicht in einem Wettbewerbsverhältnis zu anderen juristischen Personen, insbesondere anderen Betriebsräten. Damit der Gleichheitssatz eingreifen kann, muß ein derartiges Wettbewerbsverhältnis aber wenigstens latent vorhanden sein[31].

Nichts anderes gilt auch im Verhältnis zur Legislative. Auch hier besteht mangels Auftretens im allgemeinen Rechtsverkehr kein Konkurrenzverhältnis zu anderen Rechtssubjekten und damit keine Möglichkeit der Ungleichbehandlung im Hinblick auf die Unterwerfung ungleichen Rechts. Der Betriebsrat steht dem Staat im Bereich der Legislative eben nur als Subjekt der Betriebsverfassung gegenüber, hier fehlt es gerade an den typischen Konstellationen, wie zum Beispiel der ungleichen Belastung durch ein Steuergesetz oder der ungleichen Begünstigung durch ein Subventionsgesetz. Sofern gesetzgeberische Eingriffe auf der Ebene des Betriebsverfassungsrechts selbst vorgenommen werden, gilt für den Betriebsrat wie für die anderen juristischen Grundrechtspersonen auch, daß er über Art. 19 III GG hinsichtlich der ihm vom Gesetzgeber eingeräumten Rechtsstellung keinen Bestandsschutz genießt[32].

Im Verhältnis des Betriebsrats zur Rechtsprechung sind indes einfach-rechtliche Positionen vorhanden, die Gegenstand einer Verletzung des Gleichheitsgrundsatzes sein können. Das Willkürverbot fungiert hier nämlich als wichtiges Instrument zur Kontrolle von Gerichtsentscheidungen, indem es unabhängig von einem Vergleich mit anderen Fällen oder Personen den Grundrechtsträger vor

---

[30] BVerfGE 4, 144, 155; 27, 364, 371; 78, 104, 121; *Gubelt* in: von Münch / Kunig, Art. 3 Rn. 11.

[31] *Isensee* in: Isensee / Kirchhof, HdbStR V, § 116 Rn. 17.

[32] *von Mutius* in: BK, Art. 19 Abs. 3 Rn. 47 m.w.N.; *Rupp-von Brünneck* in: Festschrift für A. Arndt, 1969, S. 349, 361; *Zimmermann*, Der grundrechtliche Schutzanspruch juristischer Personen des öffentlichen Rechts, 1993, S. 148.

einer schlechthin unvertretbaren Gesetzesauslegung durch den Richter schützt[33]. Aufgrund der Parteifähigkeit des Betriebsrats vor den Arbeitsgerichten gemäß § 2 a ArbGG sowie seiner Beteiligungsfähigkeit vor den Verwaltungsgerichten gemäß § 61 Nr. 2 VwGO[34] sind insoweit die einfach-rechtlichen Vorgaben auf seiten des Betriebsrats erfüllt.

3. Auswirkungen auf die Frage der Grundrechtsfähigkeit

Der Betriebsrat kann sich nur eingeschränkt auf den allgemeinen Gleichheitssatz berufen. Gegenüber der Exekutive und der Legislative fehlt es an einer grundrechtlichen Gefährdungslage, so daß ein Grundrechtsschutz ausscheidet. Gegenüber der Rechtsprechung kann sich der Betriebsrat aber im Zusammenhang mit einer fehlerhaften Rechtsanwendung auf das Willkürverbot berufen. Insoweit erweist sich Art. 3 I GG als Komplementärgarantie zu den Prozeßgrundrechten, indem er an die prozessuale Rechtsstellung anknüpft.

Allerdings reicht hierzu nicht eine bloß fehlerhafte Anwendung des BetrVG aus, vielmehr muß hinzukommen, daß die fehlerhafte Rechtsanwendung bei verständiger Würdigung der das Grundgesetz beherrschenden Gedanken nicht mehr verständlich ist, so daß sich der Schluß aufdrängt, sie beruhe auf sachfremden Erwägungen[35]. Unter Beachtung dieser Einschränkungen ist der Betriebsrat damit Grundrechtsträger aus Art. 3 I GG[36].

---

[33] BVerfGE 4, 1, 7; 62, 189, 192; 80, 48, 51; *Gubelt* in: von Münch / Kunig Art. 3 Rn. 45; *Jarass / Pieroth* Art. 3 Rn. 24; *Rüfner* in: BK, Art. 3 Abs. 1 Rn. 21; *von Mangoldt / Klein / Starck*, Art. 3 Abs. 1 Rn. 190.

[34] Siehe hierzu unten zu XI 2.

[35] BVerfGE 71, 202, 204; 80, 48, 51 ff.; 83, 82, 84 ff.; zuletzt BVerfG, NJW 1992, 1675.

[36] Weitergehend *Dütz*, Der Grundrechtsschutz von Betriebsräten und Personalvertretungen, 1986, S. 62 ff.

II. Art. 5 I Satz 1 Halbsatz 1 GG – Meinungsfreiheit

1. Korporative Ausübbarkeit

Art. 5 I Satz 1 GG gehört grundsätzlich zu den Grundrechten, die auf juristische Personen anwendbar sind[37]. Unschädlich ist dabei, daß die juristischen Personen aufgrund ihrer natürlichen Handlungsunfähigkeit selbst rechtlich nicht im Stande sind, sich Informationen zu verschaffen oder Meinungen zu haben und zu äußern. Wie allgemein im Recht der juristischen Personen ist nämlich auch hier zu beachten, daß sie ihre Funktionen durch ihre Organe, aber mit rechtlicher Wirkung für sich, ausüben können[38].

2. Einfach-rechtliche Vorgaben sowie Aufgaben- und Zweckbestimmung des Betriebsrats

Zunächst hat der Arbeitgeber dem Betriebsrat ein schwarzes Brett für Bekanntmachungen zur Verfügung zu stellen. Für den Personalrat ergibt sich dieses schon aus § 44 III BPersVG, für den Bereich der Betriebsverfassung wird dieses auch ohne ausdrückliche Bestimmung aus § 40 II BetrVG abgeleitet[39]. Gleizeitig ist auch unbestritten, daß allein der Betriebsrat, insbesondere also ohne Mitwirkung des Arbeitgebers, über Inhalt und Art der Anschläge entscheidet[40].

Das schwarze Brett ist aber nur eines von mehreren Mitteln des Betriebsrats zur Kommunikation. Gerade was den Informationsaustausch zwischen Betriebsrat und Belegschaft anbelangt, so entscheidet der Betriebsrat nach pflichtgemäßem Ermessen darüber, wie er seinem Recht und seiner Pflicht nachkommt, die Arbeitnehmer des Betriebs im Rahmen seines Aufgabenbereiches umfassend

---

[37] BVerfGE 21, 271, 277; 24, 278, 282; *Herzog* in: Maunz / Dürig, Art. 5 Abs. I, II Rn. 17; *Wendt* in: von Münch / Kunig, Art. 5 Rn. 6; *Jarass / Pieroth* Art. 5 Rn. 6; *Stern*, Staatsrecht III /1, S. 1126.

[38] *Herzog*, a.a.O.

[39] BAG AP Nr. 15 zu § 40 BetrVG 1972, Bl. 1 R; *Dietz / Richardi* § 40 Rn. 61; *Fitting / Auffarth / Kaiser / Heither* § 40 Rn. 44; *Wiese* in: GK-BetrVG, § 40 Rn. 116; *Hess / Schlochauer / Glaubitz* § 40 Rn. 95; *Blanke* in: D. / K. / K. / S., § 40 Rn. 88.

[40] *Dietz / Richardi* § 40 Rn. 62; *Fitting / Auffarth / Kaiser / Heither*, a.a.O.; *Wiese* in: GK-BetrVG, § 40 Rn. 117; LAG Berlin, DB 1980, 1704; LAG Hamburg DB 1978, 118.

und pünktlich zu informieren[41]. Er kann also auch schriftliche Mitteilungen, wie zum Beispiel ein Informationsblatt, herausgeben[42].

Betrachtet man nunmehr die im BetrVG fixierten allgemeinen und besonderen Aufgaben des Betriebsrats, insbesondere im Hinblick auf dessen Mitbestimmungs- und Mitwirkungsrechte, so gewinnt die Meinungsfreiheit weiteres Gewicht. Entscheidend für die Umsetzung dieser Aufgaben ist der geistige Kontakt, also Kommunikation aber auch Auseinandersetzung im Verhältnis zwischen Betriebsrat und Arbeitgeber. Dieses impliziert die Fähigkeit zur Äußerung von Meinungen, wovon im übrigen auch der Wortlaut der das Verhältnis von Betriebsrat und Arbeitgeber betreffenden Grundsatznorm des § 74 BetrVG im dortigen Absatz 1 Satz 2 ausgeht. Wenn der Betriebsrat gemäß den §§ 2 I, 74 BetrVG zur vertrauensvollen Zusammenarbeit mit dem Arbeitgeber in gegenseitiger Ehrlichkeit und Offenheit[43] verpflichtet ist, so macht dieses zur Lösung betrieblicher Probleme die Äußerungen von Meinungen gerade erforderlich[44].

3. Auswirkungen auf die Frage der Grundrechtsfähigkeit

Dem Betriebsrat steht im Rahmen seiner Aufgabenwahrnehmung das Grundrecht der Meinungsfreiheit zu[45]. Dies bedeutet, daß er im Zusammenhang mit der Wahrnehmung seiner Aufgaben gegenüber dem Arbeitgeber, aber auch gegenüber Dritten grundsätzlich frei Stellung nehmen kann. Dazu gehört insbesondere auch das Recht, sich im Rahmen einer Presseveröffentlichung zu äußern[46]. Bei der Wahrnehmung der Meinungsfreiheit vertritt dabei gem. § 26 III Satz 1 BetrVG der Vorsitzende bzw. dessen Vetreter den Betriebsrat im Rahmen des vom ihm gefaßten Beschlusses.

---

[41] BAG AP Nr. 15 zu § 40 BetrVG 1972, Bl. 1 R; *Wiese* in: GK-BetrVG, § 40 Rn. 120.

[42] BAG, a.a.O.; *Löwisch* in: Festschrift für Hilger und Stumpf, 1983, S. 429 ff. m.w.N.; *Blanke* in: D. / K. / K. / S., § 40 Rn. 15.

[43] So BAG AP Nr. 3 zu § 23 BetrVG 1972.

[44] *Kissel*, NZA 1988, 145, 154.

[45] So auch *Dütz*, Der Grundrechtsschutz von Betriebsräten und Personalvertretungen, 1986, S. 64; *Herschel*, ZfA 1984, 65, 66; *Ladeur* in: AK-GG, Art. 19 III Rn. 35; für den Personalrat ebenso *Battis*, NVwZ 1986, 885, 886.

[46] So auch LAG BaWü DB 1978, 799; *Simitis / Kreuder*, NZA 1992, 1009, 1014.

Der Anerkennung einer Grundrechtsfähigkeit des Betriebsrats steht insbesondere auch nicht die „Journalisten-Entscheidung" des BAG entgegen, in der das Gericht die Frage, ob der Betriebsrat von sich aus Medienvertreter in den Betrieb berufen kann, unter Hinweis auf das entgegenstehende Hausrecht des Arbeitgebers verneint hat[47]. Ein derartiges Verhalten wird von der Meinungsfreiheit nämlich ohnehin nicht getragen: Art. 5 I Satz 1 GG gibt keinen Anspruch auf die Verschaffung einer Zuhörerschaft[48]. Ebensowenig gewährleistet das Grundrecht, daß geeignete Foren (Örtlichkeiten, Räume, Auftritte in Rundfunk und Fernsehen) oder andere Mittel für die Äußerung und Verbreitung der Meinung zur Verfügung stehen oder verschafft werden[49]. Auch für den Betriebsrat gilt also, daß mit der Meinungsäußerungsfreiheit nur die geistige Wirkungsmöglichkeit, nicht aber der Erfolg oder auch nur der Erfolgsweg garantiert werden[50].

Erkennt man somit die Grundrechtsträgerschaft des Betriebsrats an, so müssen aber schon auf dieser Ebene die aus der Aufgabenstellung des Betriebsrats resultierenden Grenzen der Meinungsfreiheit beachtet werden. Unter dem Gesichtspunkt des Verbots eines Handelns ultra-vires ist deshalb immer erforderlich, daß die Meinungsäußerung mit Vorgängen, die konkret den Betrieb betreffen, im Zusammenhang steht. Dieses kann durch Maßnahmen des Arbeitgebers aber auch durch von außen auf den Betrieb und den Tätigkeitsbereich des Betriebsrats einwirkende Vorgänge der Fall sein.

Für den Betriebsrat gelten darüber hinaus wie für jeden anderen Grundrechtsträger auch die allgemeinen Grundrechtsschranken des Art. 5 II GG. Als derartige Schranken erweisen sich an erster Stelle die die Freiheit der Meinungsäußerung einschränkenden Regelungen des § 74 II BetrVG. Schon für das Individualarbeitsrecht ist in der Rechtsprechung des BAG seit langem anerkannt, daß die Grundregeln des Arbeitsverhältnisses, zu denen insbesondere auch das Pflichtengebot gehört, sich so zu verhalten, daß der Betriebsfrieden nicht ernstlich und schwer gefährdet wird und daß die Zusammenarbeit mit dem Arbeitgeber zumutbar bleibt, allgemeine Gesetze im Sinne von Art. 5 II GG dar-

---

[47] BAG NZA 1992, 315 ff.

[48] BayObLG NJW 1969, 1127; *Herzog* in: Maunz / Dürig, Art. 5 Abs. I, II Rn. 63; *Wendt* in: von Münch / Kunig, Art. 5 Rn. 19.

[49] *Wendt*, a.a.O.

[50] Vgl. hierzu *von Mangoldt / Klein / Starck* Art. 5 Abs. 1, 2 Rn. 24; *Schmidt-Jortzig* in: Isensee / Kirchhoff, HdbStR VI, § 141 Rn. 24.

stellen[51]. Soweit ebenfalls der Betriebsrat in § 74 II Satz 2 BetrVG auf die Wahrung des Betriebsfriedens bei der Verfolgung seiner Aufgaben verpflichtet wird, muß auch dieses als eine Schrankenregelung in Bezug auf dessen Meinungsfreiheit angesehen werden.

Was die Einschränkung der Meinungsäußerung des Betriebsrats hinsichtlich parteipolitischer Betätigungen nach § 74 II Satz 3 anbelangt, so hat das BVerfG diese Norm als zulässige Schrankenregelung im Sinne von Art. 5 II verstanden[52]. Was dort im Zusammenhang mit der individuellen Meinungsfreiheit des einzelnen Betriebsratsmitgliedes ausgesprochen wurde, muß auch auf der kollektiven Ebene gelten, wenn es um die Meinungsfreiheit des Betriebsrats als Grundrechtsperson geht.

Schranken der Meinungsfreiheit des Betriebsrats ergeben sich des weiteren auch aus den betriebsverfassungsrechtlichen Geheimhaltungspflichten der §§ 79, 120 BetrVG. Auch diese sind als allgemeine Gesetze im Sinne von Art. 5 II GG zu verstehen, da sie nicht den Zweck verfolgen, die Meinungsfreiheit des Betriebsrats als solche zu beschneiden, sondern den Schutz von Betriebs- und Geschäftsgeheimnissen bezwecken, die ihrerseits grundrechtlich geschützten Werten, nämlich dem durch Art. 14 GG garantierten Eigentumsschutz unterfallen[53].

III. Art. 5 I Satz 1 Halbsatz 2 GG – Informationsfreiheit

1. Korporative Ausübbarkeit

Die korporative Ausübbarkeit dieses Grundrechts wurde bereits im Zusammenhang mit der Meinungsfreiheit bejaht[54].

---

[51] Grundlegend BAGE 1, 185, 194ff.; zuletzt BAG AP Nr. 73 zu § 626 BGB, Bl. 3; siehe auch den Überblick bei *Wendt* in: von Münch / Kunig, Art. 5 Rn. 74.

[52] BVerfGE 42, 133, 140.

[53] *Hitzfeld*, Geheimnisschutz im Betriebsverfassungsrecht, 1990, S. 42; siehe hierzu auch *Säcker*, Informationsrechte der Betriebs- und Aufsichtsratsmitglieder, 1979, S. 60.

[54] Siehe oben in diesem Abschnitt bei II 1.

2. Einfach-rechtliche Vorgaben sowie Aufgaben- und Zweckbestimmung des Betriebsrats

Nach § 80 II BetrVG hat der Betriebsrat einen Informationsanspruch gegen den Arbeitgeber, der auch die Vorlage von Unterlagen umfaßt. Über diesen Wortlaut hinaus wird die Norm aber dahingehend ausgelegt, daß der Betriebsrat sich auch selbst Informationen beschaffen kann, die er im Rahmen seiner Aufgabenerfüllung benötigt, wobei ihm ausdrücklich auch der Zugriff auf allgemein zugängliche Quellen offenstehen soll[55]. Auch die Rechtsprechung des BAG geht in diese Richtung, wenn dem Betriebsrat das Recht eingeräumt wird, im Rahmen eines pflichtgemäßen Ermessens zu entscheiden, auf welchem Weg er die für seine Tätigkeit notwendigen Informationen einholt, ohne daß er etwa auf die in der Betriebsverfassung institutionalisierten Kommunikationswege zu den Arbeitnehmern angewiesen wäre[56]. In einer anderen Entscheidung hat das Gericht dem Betriebsrat das Recht eingeräumt, durch seinen Vorsitzenden ein Informationsgespräch zur Arbeitsmarktlage beim Arbeitsamt durchzuführen[57].

Die allgemeinen Überwachungsfunktionen des § 80 I sowie die einzelnen Mitbestimmungsrechte der §§ 87 ff. BetrVG begründen also ein besonderes Informationsbedürfnis des Betriebsrats. Von einer effektiven Mitbestimmung und Mitwirkung in diesem Sinne kann nämlich nur dann die Rede sein, wenn auch schon im Vorfeld die erforderlichen Informationen vorhanden sind. Beispielhaft sei hier auf die Mitbestimmung in sozialen Angelegenheiten verwiesen, die wie in § 87 I Nr. 1, 6 oder 7 BetrVG zum Teil umfassende Kenntnisse in technischer Hinsicht voraussetzt. Auch kann das unbestritten aus § 87 I BetrVG resultierende Initiativrecht des Betriebsrats[58] nur dann sinnvoll ausgeübt werden, wenn der Betriebsrat sich ohne Abhängigkeit vom Arbeitgeber die notwendigen Informationen verschaffen kann. Mit einfachen Worten: wer nichts oder zuwenig weiß, kann nicht mitreden, überzeugen kann der Betriebsrat nur durch Sachkenntnis[59].

---

[55] Vgl. *Blanke / Buschmann* in: D. / K. / K. / S., § 80 Rn. 39 mit verschiedenen Beispielen; *Plander*, AuR 1993, 161, 166.

[56] BAG AP Nr. 10 zu § 80 BetrVG 1972, unter II 2 a.

[57] BAG AP Nr. 42 zu § 37 BetrVG, unter 2.

[58] Vgl. hierzu *Fitting / Auffarth / Kaiser / Heither* § 87 Rn. 26.

[59] *Fitting / Auffarth / Kaiser / Heither* § 2 Rn. 10.

3. Auswirkungen auf die Frage der Grundrechtsfähigkeit

Der Betriebsrat ist auch im Hinblick auf die Informationsfreiheit grundrechtsberechtigt[60]. Allerdings gilt es hier zu differenzieren: im Rahmen seiner Aufgabenerfüllung steht dem Betriebsrat der Zugriff zu allen allgemein zugänglichen Quellen offen, da er nur so seine Mitwirkungs- und Mitbestimmungsrechte wirksam ausüben kann. Dieses schließt sowohl die Befragung einzelner Arbeitnehmer als auch Dritter mit ein, da auch das gesprochene Wort Informationsquelle im Sinne der Informationsfreiheit ist[61]. Soweit aber § 80 II BetrVG dem Betriebsrat auch das Recht einräumt, die Vorlage von Unterlagen des Arbeitgebers verlangen zu können, geht diese Norm allerdings über das Gebot der Informationsfreiheit hinaus, da es sich bei derartigen Unterlagen regelmäßig um betriebliche Aufzeichnungen handeln dürfte, die nach der Rechtsprechung des BVerfG keine allgemein zugänglichen Quellen darstellen[62].

Zu beachten ist auch hier, daß Art. 5 I Satz 1 Halbsatz 2 GG nichts über die Ausstattung mit finanziellen Mitteln aussagt, falls diese zur Einholung der Informationen erforderlich sind[63]. Für den Betriebsrat richtet sich dieses allein nach § 40 BetrVG, ohne daß insoweit etwa Grundrechte fruchtbar gemacht werden könnten.

Schließlich gilt auch hier, daß die Informationsfreiheit nur im Zusammenhang mit dem Aufgabenbereich des Betriebsrats besteht, die einzuholenden Informationen also mit betrieblichen Angelegenheiten im Kontext stehen müssen.

---

[60] So auch *Dütz*, Der Grundrechtsschutz von Betriebsräten und Personalvertretungen, 1986, S. 64; *Herschel*, ZfA 1984, 65, 66.

[61] *Degenhardt* in: BK, Art. 5 Abs. 1 und 2 Rn. 247.

[62] Vgl. BVerfGE 66, 116, 137.

[63] *von Mangoldt / Klein / Starck* Art. 5 Abs. 1, 2 Rn. 35; *Wendt* in: von Münch / Kunig, Art. 5 Rn. 28.

IV. Art. 8 GG – Versammlungsfreiheit

1. Korporative Ausübbarkeit

Juristische Personen und nichtrechtsfähige Personenvereinigungen können sich grundsätzlich auch auf das Grundrecht der Versammlungsfreiheit berufen[64]. Umstritten ist bei juristischen Personen allein der Umfang der von Art. 8 I GG geschützten Handlungen. So wird nach einem Teil der Literatur der Anwendungsbereich der Norm allein auf das Veranstalten einer Versammlung durch eine juristische Person begrenzt[65], während die wohl überwiegende Meinung Art. 8 I GG auch hinsichtlich der Leitung und Durchführung der Versammlung auf die juristische Person anwendet[66]. Entscheidend muß aber insoweit sein, daß – wie bei den anderen Kommunikationsgrundrechten auch – die juristischen Personen durch die für sie handelnden natürlichen Personen das Grundrecht ausüben. Damit muß das Grundrecht aus Art. 8 GG in vollem Umfang auch korporativ anwendbar sein, was besondere Bedeutung für die Teilnahme der Organe der juristischen Person an den Mitgliederversammlungen hat[67].

2. Einfach-rechtliche Vorgaben sowie Aufgaben- und Zweckbestimmung des Betriebsrats

Das BetrVG sieht in den §§ 42-45 die Abhaltung von nicht öffentlichen Betriebsversammlungen vor. Diese werden durch den Betriebsrat einberufen, vgl. § 42, was einen Beschluß des Betriebsrats als Gremium zur Voraussetzung hat[68]. Der Betriebsrat ist also Veranstalter der Betriebsversammlung. Ihm obliegt es über das Ob, Wann und Wo einer Betriebsversammlung sowie deren Tagesordnung zu entscheiden[69]. Dabei handelt es sich um eine originäre

---

[64] *Herzog* in: Maunz / Dürig, Art. 8 Rn. 34; *Kunig* in: von Münch / Kunig, Art. 8 Rn. 10; *Maunz / Zippelius*, Deutsches Staatsrecht, S. 141; *Stern*, Staatsrecht III / 1, S. 1128.

[65] *Kloepfer* in: Isensee / Kirchhof, HdbStR VI, § 143 Rn. 34; *Hamann / Lenz* Art. 8 Anm. B 1.

[66] *Herzog* in: Maunz / Dürig, Art. 8 Rn. 34; *Kunig* in: von Münch / Kunig, Art. 8 Rn. 11; *von Münch* in: BK, Art. 8 Rn. 5.

[67] *Dietel / Gintzel / Kniesel*, Demonstrations- und Versammlungsfreiheit, § 1 Rn. 47; *Herzog*, a.a.O.

[68] *Fitting / Auffarth / Kaiser / Heither* § 42 Rn. 28; *Fabricius* in: GK-BetrVG, § 42 Rn. 13; *Galperin / Löwisch* § 42 Rn. 18.

[69] *Fabricius* in: GK-BetrVG, § 42 Rn. 34.

Rechtsstellung, da die einzelnen Arbeitnehmer kraft ihres individuellen Arbeitsverhältnisses keinen Anspruch auf die Abhaltung einer Betriebsversammlung haben[70]. Bei der Entscheidung über die Zweckmäßigkeit der Betriebsversammlung räumt das BAG dem Betriebsrat einen weiten Ermessensspielraum ein[71]. Der thematische Rahmen ist nur insoweit vorgegeben, als daß die zu behandelnde Angelegenheit den Betrieb oder seine Arbeitnehmer betreffen muß[72]. Dieses bedeutet, daß ein konkreter Bezugspunkt zwischen der betreffenden Angelegenheit und dem Betrieb oder seinen Arbeitnehmern bestehen muß, wobei die Arbeitnehmer in ihrer Eigenschaft als *Arbeitnehmer des Betriebs* angesprochen sein müssen, ohne daß es allerdings erforderlich ist, daß die jeweilige Angelegenheit ausschließlich den Betrieb oder seine Arbeitnehmer betrifft[73]. Nach § 42 I Satz 1 Halbsatz 2 BetrVG wird die Betriebsversammlung vom Vorsitzenden des Betriebsrats geleitet. Hierbei handelt es sich um eine vom Veranstalter, also dem Betriebsrat, abgeleitete Befugnis analog § 7 II VersammlG[74]. Damit ist verbunden, daß dem Betriebsratsvorsitzenden auch analog § 7 IV VersammlG das Hausrecht in der Betriebsversammlung zusteht[75].

3. Auswirkungen auf die Frage der Grundrechtsfähigkeit

Für die Trägerschaft des Grundrechts der Versammlungsfreiheit ist im Hinblick auf den Betriebsrat folgendermaßen zu differenzieren:

a) Sofern es um die Veranstaltung einer Versammlung auf betrieblicher Ebene in Form einer Betriebsversammlung geht, ist der Betriebsrat auch Grundrechtsträger im Sinne von Art. 8 GG[76]. Die Betriebsversammlung stellt eine Ver-

---

[70] *Fabricius* in: GK-BetrVG, § 42 Rn. 3.

[71] BAG, NzA 1992, 557.

[72] *Fitting / Auffarth / Kaiser / Heither* § 45 Rn. 5 und 6; *Fabricius* in: GK-BetrVG, § 45 Rn. 7 ff.

[73] *Fitting / Auffarth / Kaiser / Heither* § 45 Rn. 7; *Hess / Schlochauer / Glaubitz* § 45 Rn. 5; *Dietz / Richardi* § 45 Rn. 4.

[74] *Fabricius* in: GK-BetrVG, § 42 Rn. 3 und 34.

[75] BAG AP Nr. 1 zu § 45 BetrVG 1972; *Fitting / Auffarth / Kaiser / Heither* § 42 Rn. 36; *Gnade / Kehrmann / Schneider / Blanke / Klebe* § 42 Rn. 1; *Berg* in: D. / K. / K. / S., § 42 Rn. 9; *Galperin / Löwisch* § 42 Rn. 22 f.; *Fabricius* in: GK-BetrVG, § 42 Rn. 46 ff. differenziert hier zwischen dem Ordnungsrecht hinsichtlich der Versammlungsleitung und dem zivilrechtlichen Hausrecht.

[76] Ohne weitergehende Differenzierung so auch *Dütz*, Der Grundrechtsschutz von Betriebsräten und Personalvertretungen, 1986, S. 66.

sammlung im verfassungsrechtlichen Sinne dar[77]. Dem steht auch nicht ihr nichtöffentlicher Charakter entgegen, da es im Rahmen von Art. 8 GG nicht erforderlich ist, daß es sich um eine öffentliche Versammlung handelt[78]. Insoweit räumt § 43 BetrVG dem Betriebsrat eine Rechtsstellung als *Veranstalter* einer Versammlung im verfassungsrechtlichen Sinne ein, denn die Veranstalterfreiheit als erste Ausprägung von Art. 8 GG garantiert Vorbereitung und Organisation der Versammlung. Gleichzeitig steht dem Betriebsrat auch das aus Art. 8 GG resultierende Recht auf *Leitung* der Versammlung, das das Recht zur Durchführung von Ordnungsmaßnahmen beeinhaltet[79], zu. Schließlich ergibt sich für den Betriebsrat aus Art. 8 GG auch ein Recht auf *Teilnahme* seiner Mitglieder. Dieses bedeutet, daß sowohl die Teilnahme der Mitglieder des Betriebsrats als auch die Teilnahme der Arbeitnehmer des Betriebs von dessen Grundrechtsschutz umfaßt werden. Die juristischen Personen im Sinne von Art. 19 III GG haben nämlich ein Recht darauf, daß ihre Mitglieder bzw. Organe nicht an der Teilnahme gehindert werden[80]. Im Hinblick auf die der Mitgliederversammlung eines Vereins nahekommende Funktion der Betriebsversammlung[81] besteht insoweit also auch ein Recht des Betriebsrats auf ungehinderte Teilnahme der Arbeitnehmer des Betriebs als den hinter ihm stehenden natürlichen Personen. Das Recht auf Teilnahme des Betriebsrats als Organ ist im Zusammenhang mit der Betriebsräteversammlung nach § 53 BetrVG von Bedeutung.

Auch hier ergibt sich aber unter dem Gesichtspunkt des ultra-vires Gedanken eine Begrenzung der Grundrechtsfähigkeit auf die sich aus § 45 in Vbdg. mit § 80 I BetrVG ergebenden Versammlungszwecke.

b) Weder aus einzelnen Bestimmungen noch aus der Aufgabenstellung des BetrVG ergibt sich aber, daß der Betriebsrat auch außerhalb des betrieblichen Rahmens Träger des Grundrechts der Versammlungsfreiheit ist. Beteiligen sich also Mitglieder eines Betriebsrats zusammen mit anderen Personen an Veranstaltungen, Demonstrationen, Konferenzen etc., kann ihnen ein Grundrechtsschutz – vermittelt durch die Grundrechtsperson Betriebsrat – nicht zugute kommen, sondern nur ihre Versammlungsfreiheit als natürliche Personen. Über

---

[77] *Dietel / Gintzel / Kniesel*, Demonstrations- und Versammlungsfreiheit, § 1 Rn. 12.

[78] *Dietel / Gintzel / Kniesel*, a.a.O; *von Münch* in: BK, Art. 8 Rn. 23.

[79] *Dietel / Gintzel / Kniesel*, Demonstrations- und Versammlungsfreiheit, § 1 Rn. 44.

[80] *Herzog* in: Maunz / Dürig, Art. 8 Rn. 34.

[81] Siehe hierzu oben im zweiten Kapitel unter B II 2 b.

die individuelle Meinungsfreiheit aus Art. 5 I GG hinaus ist insoweit eine Versammlungsfreiheit im Sinne einer Freiheit zur kollektiven Meinungskundgabe[82] für den Betriebsrat von seiner Aufgaben- und Zweckbestimmung nicht mehr gedeckt. Nur so ist auch gewährleistet, daß der vom Gesetzgeber vorgesehene Dualismus zwischen Betriebsrat und Gewerkschaften, deren Betätigungsfeld gerade außerhalb der betrieblichen Ebene liegt, nicht unterlaufen wird.

Da sich die partielle Grundrechtsfähigkeit des Betriebsrats allein auf die nicht öffentlichen, betriebsbezogenen Versammlungen bezieht, können sich Schranken nur aus Art. 8 I GG und den immanenten Grundrechtsschranken, insbesondere also aus den Grundrechten Dritter ergeben[83], wobei in erster Linie die des Arbeitgebers in Betracht kommen. Für die Versammlungsfreiheit des Betriebsrats im Zusammenhang mit den Betriebsversammlungen gelten deshalb die Ordnungsvorschriften der §§ 5-13 VersammlG[84], bei denen es sich aber nicht um eine Grundrechtsschranke im eigentlichen Sinne sondern nur um eine vorbeugende Maßnahme zur Aufrechterhaltung der Friedlichkeit der Versammlung handelt[85].

V. Art. 9 I GG – Vereinigungsfreiheit

1. Korporative Ausübbarkeit

Juristische Personen sind grundsätzlich in der Lage, die individuelle Vereinigungsfreiheit in Anspruch zu nehmen, können also eine Vereinigung gründen, ihr beitreten oder aus ihr austreten[86]. Daneben wird aus Art. 9 I GG auch die kollektive Vereinigungsfreiheit abgeleitet, die der Vereinigung selbst ein Recht auf Existenz und Funktionsfähigkeit sowie auf Selbstbestimmung über die eige-

---

[82] Hierin sieht das BVerfG den entscheidenden Unterschied zwischen beiden Grundrechtsnormen, vgl. BVerfGE 69, 315, 345.

[83] Siehe hierzu *Kunig* in: von Münch / Kunig, Art. 8 Rn. 27.

[84] *Fabricius* in: GK-BetrVG, § 42 Rn. 47, 48.

[85] *Kunig* in: von Münch / Kunig, Art. 8 Rn. 27.

[86] BVerfGE 13, 174, 175; *Löwer* in: von Münch / Kunig, Art. 9 Rn. 11; *Scholz* in: Maunz / Dürig, Art. 9 Rn. 54, 55; *Jarass / Pieroth* Art. 9 Rn. 6; *Stern*, Staatsrecht IIII / 1, S. 1126.

ne Organisation, das Verfahren der Willensbildung und die Führung ihrer Geschäfte einräumen soll[87].

2. *Einfach-rechtliche Vorgaben sowie Aufgaben- und Zweckbestimmung des Betriebsrats*

Schon an anderer Stelle wurde dargelegt, daß der Betriebsrat zwar von den Arbeitnehmern gewählt ist, aber die Betriebsverfassung sich im übrigen für den einzelnen Arbeitnehmer vergleichbar wie ein Zwangsverband auswirkt, da er in den Betriebsverband weder frei eintreten noch wieder aus ihm austreten kann.

Was die Rechtsstellung des Betriebsrats anbelangt, so sieht das BetrVG an keiner Stelle die Verbindung des Betriebsrats mit anderen Betriebsräten, geschweige denn mit anderen natürlichen oder juristischen Personen zu einer Vereinigung oder einem Verband vor. Auf der Ebene des Unternehmens regeln die §§ 47-59 BetrVG abschließend das Verhältnis der einzelnen Betriebsräte zueinander. Dabei ist nach § 47 BetrVG zwingend ein Gesamtbetriebsrat zu errichten. Auf der Konzernebene kann nach den §§ 54-59 BetrVG die freiwillige Gründung eines Konzernbetriebsrats erfolgen. Weder Gesamtbetriebsrat noch Konzernbetriebsrat setzen sich aber aus den einzelnen Betriebsräten *als Mitglieder* zusammen, sondern bestehen aus einzelnen Betriebsratsmitgliedern, die insoweit nicht als Repräsentanten des Betriebsrats, aus dem sie entsandt werden, handeln, sondern allein als Organwalter einer eigenständigen Institution[88].

Ein Zusammenschluß einzelner Betriebsräte ist also nicht möglich, das Gesetz geht vielmehr von einem Nebeneinander der einzelnen Betriebsräte aus. Lediglich im Rahmen der Betriebsräteversammlung ist eine Kommunikation einzelner Betriebsräte institutionalisiert, ohne daß hier über die Veranstaltung einer Versammlung hinaus von einer organisatorischen Verdichtung zu einer Vereinigung im Rechtssinne gesprochen werden könnte.

Außerhalb des Betriebs oder Unternehmens ist eine vereinsmäßige Betätigung des Betriebsrats auch aus seiner Aufgabenstellung nicht abzuleiten. Der Betrieb

---

[87] So BVerfGE 50, 290, 353 f.; 84, 372, 378; *Löwer* in: von Münch / Kunig, Art. 9 Rn. 32 f.; *Hesse*, Grundzüge des Verfassungsrechts der Bundesrepublik Deutschland, Rn. 410; *Jarass / Pieroth* Art. 9 Rn. 7; ablehnend *von Mutius* in: BK, Art. 19 Abs. 3 Rn. 35; *Pieroth / Schlink*, Grundrechte – Staatsrecht II, Rn. 821.

[88] Siehe hierzu unten im 6. Kapitel unter B I 1 und II 1.

setzt den Rahmen für den Wirkungsbereich der Betriebsratsarbeit[89], die Interessenvertretung bleibt auf den Bereich der betriebsbezogenen Aufgaben beschränkt. Für eine freie Vereinsbetätigung fehlt dem Betriebsrat das Mandat, auch liefe dieses dem Dualismus von Betriebsräten und Gewerkschaften entgegen[90].

3. Auswirkungen auf die Frage der Grundrechtsfähigkeit

Dem Betriebsrat steht demnach das Grundrecht der Vereinigungsfreiheit nicht zu. Die kollektive Vereinigungsfreiheit muß für den Betriebsrat schon deshalb ausscheiden, weil es sich bei ihm nicht um eine Vereinigung im verfassungsrechtlichen Sinne handelt. Art. 9 I GG schützt nämlich nur das gesellschaftliche Aufbauprinzip freier Gruppenbildung[91], woran es beim Betriebsrat mangels Freiwilligkeit des Betriebsverbandes fehlt.

Der individuellen Vereinigungsfreiheit stehen aber die insoweit fehlende Rechtsfähigkeit und Aufgabenstellung des Betriebsrats nach dem BetrVG entgegen[92]. Auch gegen sie müßte eingewandt werden, daß das Grundrecht der Vereinigungsfreiheit rechtslogisch nicht von Institutionen in Anspruch genommen werden kann, die selbst nicht auf dem freiwilligen Zusammenschluß der hinter ihnen stehenden natürlichen Personen beruhen.

VI. Art. 10 GG – Brief-, Post- und Fernmeldegeheimnis

1. Korporative Ausübbarkeit

Vorbehaltlich der von der h.M vorgenommenen Differenzierung zwischen juristischen Personen des Privatrechts und jenen des öffentlichen Rechts können auch juristische Personen Träger des Grundrechts sein, wenn sie mittels ihrer

---

[89] *Schneider* in: D. / K. / K. / S., Einl. 95.

[90] Siehe hierzu schon oben in diesem Kapitel unter A III 2.

[91] BVerfGE 38, 281, 303; *Hesse*, Grundzüge des Verfassungsrechts der Bundesrepublik Deutschland, Rn. 410 f.

[92] So auch BVerfGE 28, 314, 323 f., das die Anwendung von Art. 9 I GG auf den Personalrat der „Natur der Sache" nach ablehnt, a.A *Dütz*, Der Grundrechtsschutz von Betriebsräten und Personalvertretungen, 1986, S. 66, der dem Betriebsrat die Vereinigungsfreiheit im Zusammenhang mit der Bildung eines Dachverbandes zuspricht.

Organe als Absender eines Briefes oder als Teilnehmer an einem Telefongespräch auftreten[93].

2. *Einfach-rechtliche Vorgaben sowie Aufgaben- und Zweckbestimmung des Betriebsrats*

Aus § 40 II BetrVG folgt, daß dem Betriebsrat im Regelfall ein Telefonanschluß gestellt werden muß[94]. Ob es sich dabei um eine eigene Telefonleitung handeln muß oder ein Nebenanschluß ausreichend ist[95], kann hier offenbleiben. Denn wenn dem Betriebsrat im Rahmen von § 40 II BetrVG ein Telefon gestellt wird, umfaßt dieses auch die ungestörte und unkontrollierte Nutzung nach außen und nach innen[96].

Der Betriebsrat hat auch aus § 40 II BetrVG das Recht, Briefpapier, Porto und Stempel zur Verfügung gestellt zu bekommen[97]. Damit ist der Betriebsrat also in der Lage, sowohl innerhalb des Betriebs als auch nach außen hin eine eigene Korrespondenz zu unterhalten.

Aber auch aus seiner allgemeinen Aufgabenstellung im Sinne von § 80 I BetrVG heraus ist der Betriebsrat auf die Möglichkeit einer eigenständigen und unkontrollierten Kommunikation angewiesen. Diese muß insbesodere nach außen hin, beispielsweise zu Gewerkschaften und Behörden, aber auch im Verhältnis zu den Arbeitnehmern des Betriebs, gewährleistet sein.

---

[93] Unstreitig, vgl. *Löwer* in: von Münch / Kunig, Art. 10 Rn. 5; *Jarass / Pieroth* Art. 10 Rn. 6; *Badura* in: BK, Art. 10 Rn. 25; *Rüfner* in: AöR 89 (1964), S. 261, 305.

[94] *Hess / Schlochauer / Glaubitz* § 40 Rn. 85; *Fitting / Auffarth / Kaiser / Heither* § 40 Rn. 41; *Wiese* in: GK-BetrVG, § 40 Rn. 104; *Dietz / Richardi* § 40 Rn. 53.

[95] Zum Meinungsstreit vgl. *Blanke* in: D. / K. / K. / S., § 40 Rn. 79 sowie BAG, AuR 1991, 188.

[96] *Blanke* in: D. / K. / K. / S., § 40 Rn. 79; *Gnade / Kehrmann / Schneider / Blanke / Klebe* § 40 Rn. 7; *Besgen*, AiB 1987, 150, 152; ArbG Osnabrück 19.11.1990 – 2 BV 18 / 90.

[97] *Blanke* in: D. / K. / K. / S., § 40 Rn. 75, 78; *Fitting / Auffarth / Kaiser / Heither* § 40 Rn. 41; *Hess / Schlochauer / Glaubitz* § 40 Rn. 86.

3. Auswirkungen auf die Frage der Grundrechtsfähigkeit

Aus dem betriebsverfassungsrechtlichen Aufgabenbereich heraus ist dem Betriebsrat auch das Grundrecht aus Art. 10 GG zuzusprechen[98]. Gerade im Zusammenhang mit dem besonderen Informationsbedürfnis des Betriebsrats und der hieraus resultierenden Grundrechtsfähigkeit hinsichtlich der Informationsfreiheit[99] ist auch die Zuerkennung einer Grundrechtsfähigkeit nach Art. 10 GG geboten. Diese wirkt sich zunächst mittelbar gegenüber dem Arbeitgeber über die Vorschriften der §§ 2 I, 78 BetrVG aus, denn das Grundrecht entfaltet auch eine Ausstrahlungswirkung auf das Privatrecht[100]. Allerdings kann mit der Hilfe von Art. 10 GG nicht die Frage beantwortet werden, in welchem Umfang der Arbeitgeber seiner aus § 40 II BetrVG resultierenden Pflicht zur Stellung eines Telefons nachzukommen hat. Art. 10 GG regelt nämlich den Zugang zu den dort aufgeführten Kommunikationsmitteln nicht[101].

Wegen des mit der Informationsbeschaffung vorgegebenen Außenrechtsbezugs betriebsratlicher Kommunikation muß der Betriebsrat aber auch gegenüber anderen Rechtssubjekten sowie dem Staat im Sinne der Abwehrfunktion des Grundrechts als eigenständiger Grundrechtsträger angesehen werden. Hier kann insbesondere nicht darauf verwiesen werden, daß allein der Arbeitgeber als Geschäftsherr des Betriebs Grundrechtsträger ist. Denn eine derartige Auffassung übersieht, daß der Betriebsrat wegen seiner gegenüber dem Arbeitgeber bestehenden unabhängigen und selbständigen Stellung auch ein eigenständiges Geheimhaltungsbedürfnis und damit auch ein eigenständiges grundrechtliches Schutzbedürfnis aus Art. 10 GG hat[102].

---

[98] So auch *Dütz*, Der Grundrechtsschutz von Betriebsräten und Personalvertretungen, 1986, S. 67; für den Personalrat *Battis*, NVwZ 1986, 885, 886.

[99] Siehe oben in diesem Abschnitt unter III 3.

[100] BAGE 52, 89, 98; *Löwer* in: von Münch / Kunig, Art. 10 Rn. 8; *Jarass / Pieroth* Art. 10 Rn. 9.

[101] *Löwer* in: von Münch / Kunig, Art. 10 Rn. 4; *Pieroth / Schlink*, Grundrechte – Staatsrecht II, Rn. 852; *Badura* in: BK, Art. 10 Rn. 33.

[102] Vgl. hierzu *Hitzfeld*, Geheimnisschutz im Betriebsverfassungsrecht, 1990, S. 149.

VII. Art. 13 GG – Unverletzlichkeit der Wohnung

1. Korporative Ausübbarkeit

Das Grundrecht der Unverletzlichkeit der Wohnung steht auch juristischen Personen und nicht- bzw. teilrechtsfähigen Personenmehrheiten des Privatrechts zu, kann also korporativ wahrgenommen werden[103]. Die Trägerschaft setzt aber voraus, daß seitens des Grundrechtsträgers unmittelbarer Besitz an den geschützten Räumen, unabhängig von den jeweiligen Eigentumsverhältnissen, besteht[104]. Für die juristischen Personen und Personenmehrheiten und damit auch für den Betriebsrat ist dabei von besonderer Bedeutung, daß der Wohnungsbegriff im Sinne von Art. 13 GG auch Arbeits-, Betriebs- und Geschäftsräume mit umfaßt[105].

2. Einfach-rechtliche Vorgaben sowie Aufgaben- und Zweckbestimmung des Betriebsrats

Gemäß § 40 II BetrVG hat der Arbeitgeber dem Betriebsrat in erforderlichem Umfang auch Räume zur Verfügung zu stellen. Für den Fall der ständigen Benutzung besitzt der Betriebsrat einen Anspruch auf ein abschließbares Zimmer[106]. In den Räumen des Betriebsrats, die zu Sitzungen, Sprechstunden oder zur Abwicklung des Geschäftsbetriebes dienen, hat der Betriebsrat das Hausrecht[107]. Damit entscheidet der Wille des Betriebsrats darüber, ob der Aufenthalt in seinen Räumen rechtmäßig oder gegebenenfalls Hausfriedensbruch

---

[103] BVerfGE 32, 54, 72; 42, 212, 219; 44, 353, 371; 76, 83, 88; *Kunig* in: von Münch / Kunig, Art. 13 Rn. 8 und 9; *Herdegen* in: BK, Art. 13 Rn. 39; *Jarass / Pieroth* Art. 13 Rn. 3.

[104] *Maunz* in: Maunz / Dürig, Art. 13 Rn. 4; *Kunig* in: von Münch / Kunig, Art. 13 Rn. 3.

[105] Vgl. BVerfGE 32, 54, 68 ff.; 42, 212, 219; 44, 353, 371; 76, 83, 88; BAGE 19, 217, 225; auf den Meinungsstreit, ob insoweit nur die der Öffentlichkeit nicht zugänglichen Räume in den Anwendungsbereich von Art. 13 GG fallen, vgl. hierzu *Kunig* in: von Münch / Kunig, Art. 13 Rn. 11, braucht hier nicht eingegangen zu werden, da die Betriebsratsräume in keinem Fall zu den öffentlich zugänglichen gehören.

[106] *Fitting / Auffarth / Kaiser / Heither* § 40 Rn. 39; *Blanke* in: D. / K. / K. / S., § 40 Rn. 73; ArbG Heilbronn, BB 1984, 982.

[107] *Wiese* in: GK-BetrVG, § 40 Rn. 101; *Dietz / Richardi* § 40 Rn. 52; *Fitting / Auffarth / Kaiser / Heither* § 40 Rn. 40; *Hess / Schlochauer / Glaubitz* § 40 Rn. 84; *Blanke* in: D. / K. / K. / S., § 40 Rn. 73.

ist[108]. Aber auch im Hinblick auf die allgemeine Aufgabenerfüllung des Betriebsrats ist zu beachten, daß es zu deren Erhaltung und Sicherung in bestimmten Situationen erforderlich sein kann, dem Arbeitgeber gewisse Informationen vorzuenthalten, was das Vorhandensein einer eigenen abgrenzbaren räumlichen Sphäre voraussetzt. So kann insbesondere im Zusammenhang mit Akten der internen Geschäftsführung ein solches Bedürfnis des Betriebsrats bestehen, soweit er keiner gesetzlichen Informationspflicht unterliegt[109]. Nichts anderes gilt im Zusammenhang mit der Abhaltung von Sprechstunden gem. § 39 BetrVG.

3. Auswirkungen auf die Frage der Grundrechtsfähigkeit

Gerade die besondere Aufgabenstellung des Betriebsrats gebietet auch eine Anwendung von Art. 13 GG auf diesen.

Ein besonderes Bedürfnis für die Einbeziehung des Betriebsrats in den Schutzbereich von Art. 13 GG ergibt sich zunächst daraus, daß beim Betriebsrat regelmäßig Unterlagen aufbewahrt werden, die im Interesse von Belegschaftsangehörigen vor dem Zugriff Dritter und der Einsichtnahme durch Unbefugte sicher sein müssen. Dieses gilt um so mehr, als insoweit ein Eigentumsschutz des Betriebsrats nicht in Betracht kommt[110].

Des weiteren führt auch ein Vergleich zwischen dem Nutzungsrecht des Mieters und dem des Betriebsrats[111] zu einer Miteinbeziehung des letzteren in den Grundrechtsschutz. Beide haben ein im Hinblick auf die ungestörte Rechtssphäre vergleichbares Besitzrecht, wobei das des Mieters vertraglich, das des Betriebsrats gesetzlich begründet ist. Bei beiden ist das Nutzungsrecht beschränkt. Insbesondere steht es auch dem Mieter nicht zu, Handlungen, die zwar in Nutzung der Wohnung, aber mit Außenwirkung gegenüber Dritten sind, vorzunehmen[112]. Die räumliche Sphäre des Mieters ist aber unumstritten durch Art. 13 GG geschützt[113]. Wie bei Art. 13 GG der mittelbaren Drittwir-

---

[108] *Wiese*, a.a.O.

[109] *Hitzfeld*, Geheimnisschutz im Betriebsverfassungsrecht, 1990, S. 149.

[110] Siehe hierzu unten in diesem Kapitel bei VIII 2. Auf diese Problematik hat schon *Wolber*, RiA 1981, 210, 211 für den Bereich der Personalvertretung hingewiesen.

[111] Siehe hierzu *Böhm*, RdA 1974, 88, 92.

[112] BVerfGE 7, 230, 238 für die Anbringung von Plakaten an der Hauswand.

[113] Std. Rspr. des BVerfG, zuletzt bestätigt in der Entscheidung vom 26.5.93 – 1 BvR 208 / 93; *Maunz* in: Maunz / Dürig, Art. 13 Rn. 4.

kung im Verhältnis von Vermieter und Mieter besondere Bedeutung zukommt[114], kann sie im Verhältnis von Betriebsrat und Arbeitgeber eine ebenso bedeutende Rolle spielen, beispielsweise im Zusammenhang mit der Auslegung der Schutznorm des § 78 BetrVG.

Der Grundrechtsfähigkeit des Betriebsrats steht nicht entgegen, daß das BVerfG bislang die Einbeziehung von Geschäftsräumen in den Grundrechtsschutz von Art. 13 GG damit begründet hat, daß dieses zur Absicherung der Berufsfreiheit erforderlich sei[115]. Zwar kann sich der Betriebsrat auf die Berufsfreiheit nicht berufen[116], entscheidend muß hier aber sein, daß die vom Betriebsrat genutzten Räume mit dessen betrieblich bedingter Tätigkeit und dessen belegschaftsbezogenem Schutzauftrag im Zusammenhang stehen und damit eine Gleichstellung mit den Geschäftsräumen im klassischen Sinne angezeigt ist.

Gegen eine Grundrechtsberechtigung des Betriebsrats kann auch nicht eingewandt werden, daß bei Geschäftsräumen die Grundrechtsberechtigung allein beim Geschäftsherrn liegt[117] und es sich in bezug auf die Nutzung eines Raumes durch den Betriebsrat nur um eine von den Beteiligten akzeptierte soziale Ausgrenzung des Raumes handeln soll, die zur Begründung eines Grundrechtsschutzes aus Art. 13 GG nicht ausreichen könne[118]. Das Nutzungsrecht des Betriebsrats ist nämlich *rechtlich* fundiert und steht anders als im Verhältnis zwischen Arbeitgeber und einzelnem Arbeitnehmer grundsätzlich außerhalb jeglicher Einfluß- oder Eingriffsmöglichkeit des Arbeitgebers. Wenn dem Betriebsrat also ein Raum zur Abwicklung seiner Tätigkeiten überlassen worden ist, kann der Arbeitgeber ihm diesen Raum nicht etwa kraft seines Dispositionsrechts ohne weiteres wieder entziehen. Dieses ist nur bei einem gerechtfertigten Grund und unter Anbietung eines gleichwertigen Ersatzes möglich[119], so daß das Bestehen einer eigenen räumlichen Sphäre des Betriebsrats gewährleistet bleibt.

---

[114] Vgl. BVerfG a.a.O.; zustimmend *Herdegen* in: BK, Art. 13 Rn. 13; zur mittelbaren Drittwirkung von Art. 13 GG siehe auch *Kunig* in: von Münch / Kunig, Art. 13 Rn. 3 und 4.

[115] Vgl. nur BVerfGE 32, 54, 71.

[116] Siehe oben in diesem Kapitel unter A II.

[117] Vgl. *Maunz* in: Maunz / Dürig, Art. 13 Rn. 4.

[118] So aber *Herdegen* in: BK, Art. 13 Rn. 37 mit Fn. 103.

[119] *Blanke* in: D. / K. / K. / S., § 40 Rn. 73; *Fitting / Auffarth / Kaiser / Heither* § 40 Rn. 40.

Schließlich ergibt sich auch hier aus der „Journalisten-Entscheidung“ des BAG[120] nichts Entgegenstehendes. Sie enthält nämlich nur die Aussage, daß das Hausrecht des Betriebsrats nicht dazu führen soll, Dritten den Zugang zu den Räumen des Arbeitgebers zu gewähren, wenn und soweit der Zutritt oder der Aufenthalt Dritter im Betriebsratsbüro nicht erforderlich sind[121]. Zum einen bestätigt dieses nur den für das Verfassungsrecht geltenden Grundsatz, daß eine Grundrechtsberechtigung niemals ultra-vires gehen kann, darüber hinaus reicht Art. 13 GG aber ohnehin nicht soweit, daß aus ihm ein Recht auf Zutritt Dritter abgeleitet werden kann. Die Norm bezieht sich nämlich nur auf die Abwehr eines Eindringens oder Verweilens gegen den Willen des Grundrechtsberechtigten[122].

VIII. Art. 14 GG – Eigentumsfreiheit

1. Korporative Ausübbarkeit

Die korporative Anwendbarkeit von Art. 14 GG ist unumstritten[123]. Er gehört zu den Grundrechten, die den stärksten Anstoß zur Schaffung des Art. 19 III GG gegeben haben[124]. Aus diesem Grunde können sich also auch nichtrechtsfähige Personengemeinschaften auf das Grundrecht berufen, soweit das ihnen zugeordnete gesamthänderische Eigentum betroffen ist[125].

2. Einfach-rechtliche Vorgaben sowie Aufgaben- und Zweckbestimmung des Betriebsrats

Im Bereich der Eigentumsfreiheit ist nicht nur aus dem Blickwinkel der Grundrechtsfähigkeit der juristischen Person, sondern schon allgemein auf die Ausgestaltung des einfachen Rechts ein besonderes Augenmerk zu richten. Die

---

[120] BAG NZA 1992, 315 ff.; siehe hierzu schon oben in diesem Abschnitt unter II 3.

[121] BAG NZA 1992, 315, 316.

[122] *Kunig* in: von Münch / Kunig, Art. 13 Rn. 19.

[123] Std. Rspr. des BVerfG seit BVerfGE 4, 7, 17; *Bryde* in: von Münch / Kunig, Art. 14 Rn. 6; *Papier* in: Maunz / Dürig, Art. 14 Rn. 203; *Stern*, Staatsrecht III / 1, S. 1127.

[124] *Stern*, a.a.O.

[125] BVerGE 4, 7, 17; *Bryde* in: von Münch / Kunig, Art. 14 Rn. 6.

schutzfähigen Positionen im Sinne von Art. 14 GG werden nämlich durch die vom Gesetzgeber nach einfachem Recht gewährten privaten und öffentlich-rechtlichen vermögenswerten Rechte bestimmt[126].

Dem Betriebsrat fehlt die allgemeine Rechtsfähigkeit und damit auch die Fähigkeit, allgemein Träger von Eigentumsrechten zu sein. Ebenso besitzt er keine allgemeine Parteifähigkeit vor den ordentlichen Gerichten, um Eigentums- oder Besitzrechte gegebenenfalls auch durchzusetzen. Nach § 41 BetrVG besteht sogar ein Umlageverbot, ein eigenes Vermögen des Betriebsrats darf also nicht gebildet werden.

Dennoch gehört die Frage, ob der Betriebsrat nicht zumindest teileigentums- bzw. vermögensfähig ist, zu den immer noch heftig diskutierten Themen in der Betriebsverfassung[127]. Zunächst steht fest, daß § 40 BetrVG zwischen Arbeitgeber und Betriebsrat ein gesetzliches Schuldverhältnis begründet, in dessen Rahmen der Betriebsrat Träger vermögensrechtlicher Ansprüche und damit also auch partiell vermögensfähig ist[128]. Probleme treten aber auf, wenn man diese Rechtsstellung den zivilrechtlichen Kategorien Eigentum und Besitz zuordnen will. Die dem Betriebsrat überlassenen Sachen sollen zwar grundsätzlich im Eigentum des Arbeitgebers verbleiben[129], teilweise wird aber vertreten, daß dieses nicht hinsichtlich der verbrauchbaren Sachen, wie Papier, sonstigen Schreibmaterialien oder Akten der Fall sein soll[130]. Ungeklärt ist dann aber, ob das Eigentum auf den Betriebsrat als solchen übergehen soll[131], oder nur auf die Gesamtheit der Betriebsratsmitglieder[132].

Derartigen Konstruktionen steht aber entgegen, daß kaum überbrückbare Schwierigkeiten im Zusammenhang mit der Ablösung des bisherigen durch einen neuen Betriebsrat (§ 13, 21 BetrVG), bei Einbeziehung bisher selbständi-

---

[126] BVerfGE 58, 300, 336; vgl. hierzu *Papier* in: Maunz / Dürig, Art. 14 Rn. 37.

[127] Zum Meinungsstreit siehe die Darstellung bei *Dietz / Richardi* § 26 Rn. 8.

[128] *Dietz / Richardi* § 1 Rn. 22; *Wiese* in: GK-BetrVG, § 40 Rn. 130.

[129] So die überwiegende Meinung, vgl. *Fitting / Auffarth / Kaiser / Heither* § 40 Rn. 45; *Wiese* in: GK-BetrVG, § 40 Rn. 132; *Galperin / Löwisch* § 40 Rn. 47; *Jahnke*, Zwangsvollstreckung in der Betriebsverfassung, 1977, S. 55; *Hess / Schlochauer / Glaubitz* § 40 Rn. 100.

[130] *Fitting / Auffarth / Kaiser / Heither*, a.a.O; *Schaub*, Arbeitsrechtshandbuch, § 222 III 6; *Thiele* in: GK-BetrVG (4. Aufl.), Einl. 73; *Weber*, DB 1992, 2135, 2136.

[131] So *Weber*, a.a.O; vgl. auch *Rosset*, Rechtssubjektivität des Betriebsrats und Haftung seiner Mitglieder, 1985, S. 75 ff.

[132] So *Fitting / Auffarth / Kaiser / Heither* § 40 Rn. 45; wohl auch *Thiele* in: GK-BetrVG (4. Aufl.), Einl. 73.

ger Nebenbetriebe oder Betriebsteile in den Hauptbetrieb, sowie bei der Auflösung des Betriebs oder dem Wegfall des Betriebsrats eintreten[133]. Ebenso entstehen Probleme bei der Zuordnung des Eigentums im Falle des Todes eines Betriebsratsmitglieds[134]. Sinnvoller und rechtsdogmatisch klarer ist es deshalb, den Arbeitgeber auch als Eigentümer neuer Sachen anzusehen, die durch Verarbeitung der von ihm an den Betriebsrat überlassenen Sachen entstehen[135].

Der Betriebsrat ist aber gegenüber dem Arbeitgeber Besitzer mit der Konsequenz der hieraus resultierenden besitzrechtlichen Ansprüche[136]. Dabei wird betont, daß es sich hierbei nur um einen *relativen* Besitz handeln soll, der allein gegen den Arbeitgeber gerichtet ist und dem Betriebsrat keine Besitzschutzrechte gegenüber Dritten einzuräumen vermag[137].

Weitergehende Positionen lassen sich auch nicht aus der Aufgabenstellung des Betriebsrats ableiten.

Die Vermögensfähigkeit hat für die Tätigkeit und die allgemeine Aufgabenstellung des Betriebsrats damit nur eine reine Hilfsfunktion bei der Durchsetzung der betriebsverfassungsrechtlichen Ordnung[138]. Sie soll die materiellen Voraussetzungen für die Aufgabenerfüllung des Betriebsrats im Vorfeld seines eigentlichen Wirkungskreises schaffen, ohne daß aber eine vermögensbezogene oder gar wirtschaftliche Betätigung des Betriebsrats hiermit verbunden wäre.

3. Auswirkungen auf die Frage der Grundrechtsfähigkeit

a) Wie bereits dargestellt, knüpft das Verfassungsrecht bei der Bestimmung des Eigentumsbegriffs unmittelbar an die vorfindliche, durch das einfache Recht geschaffene, Rechtsstellung an[139]. Soweit es um die Frage des Eigentums im

---

[133] *Wiese* in: GK-BetrVG, § 40 Rn. 135.

[134] *Hess / Schlochauer / Glaubitz* § 40 Rn. 100.

[135] Ebenso LAG Hamm, AR-Blattei Betriebsverfassung X, Entsch. 6 und 7; *Dietz / Richardi* § 40 Rn. 60; *Hess / Schlochauer / Glaubitz* § 40 Rn. 100; *Wiese* in: GK-BetrVG, § 40 Rn. 90; *Böhm*, RdA 1974, 88, 89 ff.

[136] *Wiese* in: GK-BetrVG, § 40 Rn. 138; *Dietz / Richardi* § 40 Rn. 60; *Jahnke*, Zwangsvollstreckung in der Betriebsverfassung, 1977, S. 79 ff.

[137] *Wiese*, a.a.O.; *Hess / Schlochauer / Glaubitz* § 40 Rn. 101; *Jahnke*, Zwangsvollstreckung in der Betriebsverfassung, 1977, S. 81.

[138] *Wiese*, a.a.O.

[139] Siehe oben bei 1.

zivilrechtlichen Sinne geht, scheidet damit eine Grundrechtsfähigkeit des Betriebsrats mangels vorfindlicher Rechtsfähigkeit aus.

Anknüpfungspunkt für eine Grundrechtsfähigkeit des Betriebsrats könnten also nur die aus dem Rechtsverhältnis zum Arbeitgeber resultierenden vermögensrechtlichen Positionen im Zusammenhang mit § 40 BetrVG sein. Denn der verfassungsrechtliche Begriff des Eigentums geht über alles hinaus, was das einfache Recht als Eigentum bezeichnet, so daß unter Art. 14 GG somit auch alle privatrechtlichen vermögenswerten Güter fallen[140]. Auch insoweit scheidet letztlich eine Grundrechtsfähigkeit des Betriebsrats aus: wenn auch obligatorische Rechte sowie der Besitz als schützenswerte Rechtspositionen im Sinne des Grundrechts aus Art. 14 GG anerkannt sind[141], werden die Rechtspositionen des Betriebsrats diesem nicht in einer Weise zugeordnet, daß er – wie vom BVerfG zur Einbeziehung in den Schutzbereich des Grundrechts gefordert wird[142] – die damit verbundenen Befugnisse nach eigenverantwortlicher Entscheidung zu seinem Nutzen ausüben darf. Die Vermögensrechte des Betriebsrats behalten vielmehr allein eine Hilfsfunktion, ihre Wahrnehmung ist nicht der eigentliche Zweck betriebsratlicher Tätigkeit. Die jeweiligen Rechtspositionen des Betriebsrats sind eben nicht so stark, daß sie dem Privateigentum an einer Sache oder Forderung nahekommen, um unter Art. 14 GG fallen zu können. Im Gegensatz zum Mieter stehen ihm nicht die freien Nutzungsbefugnisse an den ihm überlassenen Gegenständen zu, auch genießt er keinen deliktsrechtlichen Schutz seiner Besitzpositionen[143].

Gegen einen Grundrechtsschutz des Betriebsrats aus Art. 14 GG spricht schließlich auch folgender Gedanke: das Grundgesetz schützt das Leistungseigentum, d.h. in erster Linie genießt der Besitz den Schutz des Art. 14 GG, der durch eigene Leistung erworben wurde[144]. Dieses wurde vom BVerfG insbesondere im Zusammenhang mit der Einbeziehung sozialversicherungsrechtlicher Positionen in den Eigentumsbegriff festgestellt[145], muß aber auch bei der vorliegenden Fragestellung beachtet werden. Natürlich handelt es sich bei den dem Betriebsrat im Rahmen von § 40 BetrVG zur Verfügung gestellten Positionen

---

[140] Vgl. nur *Pieroth / Schlink*, Grundrechte – Staatsrecht II, Rn. 999 und 1000, mit Nachweisen aus der Rechtspr. des BVerfG.

[141] Vgl. hierzu *Papier* in: Maunz / Dürig, Art. 14 Rn. 190, 191.

[142] BVerfGE 83, 201, 209.

[143] Zu diesem Erfordernis vgl. *Papier* in: Maunz / Dürig, Art. 14 Rn. 191.

[144] *Leisner* in: Isensee / Kirchhof, HdbStR VI, § 149 Rn. 85.

[145] Vgl. BVerfGE 14, 288, 293; 30, 292, 334; 58, 81, 112.

nicht um staatliche Mittel im eigentlichen Sinne. Der Arbeitgeber hat sie aber kraft staatlicher Anordnung dem Betriebsrat zur Verfügung zu stellen, ohne daß sie von diesem in irgendeiner Weise erdient wären oder er einen Einfluß auf ihren Umfang hätte. Insoweit fallen auch sie nicht unter den Begriff des Leistungseigentums.

Nach alledem kann sich der Betriebsrat also nicht auf Art. 14 GG berufen[146].

b) Die Verneinung der Grundrechtsfähigkeit des Betriebsrats im Hinblick auf Art. 14 GG führt auch nicht zu Lücken im Grundrechtsschutz und steht auch nicht im Widerspruch zu dessen sonstiger Grundrechtsberechtigung. Hier ist nämlich zu beachten, daß die meisten menschlichen Handlungen an oder durch Gegenstände wahrgenommen werden, ohne daß sie deshalb automatisch in den Schutzbereich von Art. 14 GG fallen, sondern den Schutzbereichen zugeordnet werden, denen sie nach ihrer sozialen Funktion zugehören[147]. Für den Betriebsrat kann dieses an folgenden Beispielen verdeutlicht werden:

Dem Betriebsrat steht, wie festgestellt, das Grundrecht der Informationsfreiheit zu[148]. Insoweit bietet es sich an, das hinsichtlich Art. 14 GG nicht relevante Führen und Anlegen der Akten des Betriebsrats vielmehr in diesem Ausübungszusammenhang zu verstehen. Auch die Speicherung von Informationen und damit insbesondere auch die jeweiligen Informationsträger sind nämlich durch das Grundrecht der Informationsfreiheit geschützt[149]. Der Schutz von Akten ist damit von der Informationsfreiheit mit umfaßt[150], ohne daß der Betriebsrat darüber hinaus zur Wahrung seiner Aufgaben eines Schutzes aus Art. 14 GG bedürfte.

Für das Grundrecht der Unverletzlichkeit der Wohnung aus Art. 13 GG ist eine Grundrechtsfähigkeit des Betriebsrats ebenfalls zu bejahen[151]. Dieses Grundrecht umfaßt zwar auch einen Teil der Nutzung eines Raumes und setzt hieran Besitz voraus. Der Anwendungsbereich dieses Grundrechts beginnt aber schon im Vorfeld von Art. 14 GG, in dem es kein absolutes oder relatives

---

[146] A.A *Dütz*, Der Grundrechtsschutz von Betriebsräten und Personalvertretungen, 1986, S. 69.

[147] *Pieroth / Schlink*, Grundrechte – Staatsrecht II, Rn. 1008; ähnlich auch *Rittstieg* in: AK-GG, Art. 14 Rn. 75.

[148] Siehe oben in diesem Abschnitt bei III.

[149] *Degenhardt* in: BK, Art. 5 Rn. 271.

[150] *Pieroth / Schlink*, Grundrechte – Staatsrecht II, Rn. 638, 639.

[151] Siehe oben in diesem Abschnitt bei VII.

privates oder öffentliches Recht am Raum verlangt, sondern nur auf den faktischen Zustand des Innehabens des Raumes, sei es Wohnraum, sei es Geschäftsraum, abstellt[152]. Bei Art. 13 GG geht es um den Schutz menschlicher Betätigung, bei Art. 14 GG um die Wohnung als Sachbegriff und Vermögenswert[153].

Die gleichen Erwägungen haben auch für den Bereich der Nutzung des Telefons zu gelten. Auch hier geht es im Zusammenhang mit der Funktionsausübung des Betriebsrats nicht um eigentumsrechtliche Befugnisse im Sinne des Verfassungsrechts, sondern allein um den Schutz der Ausübung des Grundrechts aus Art. 10 GG, bei deren Gelegenheit auch die Nutzung von Sachen erfolgt. Auch hier stehen die Grundrechte aus Art. 10 und 14 GG aber nebeneinander, wobei ein Schutz durch Art. 10 GG den Rechtspositionen des Betriebsrats hinreichend gerecht wird.

IX. Art. 17 GG – Petitionsrecht

1. Korporative Ausübbarkeit

Juristische Personen können sich auf das Petitionsrecht berufen[154], ebenso die nicht vollrechtsfähigen Personenmehrheiten[155]. Dabei gilt es aber zu differenzieren: Art. 17 GG schützt auch die Grundrechtsbetätigung in bloßer Gemeinschaft. Bei einer derartigen Sammelpetition liegt ein Zusammenschluß zum Zwecke der Petition vor. Im Sinne von Art. 19 III GG muß aber das Petitionsrecht von einer schon bestehenden Personenmehrheit wahrgenommen werden[156].

---

[152] *Dagtoglou* in: BK, Art. 13 Rn. 32 f.; zum Verhältnis von Art. 13 und 14 GG siehe auch *Kunig* in: von Münch / Kunig, Art. 13 Rn. 51.

[153] *Dagtoglou* in: BK, Art. 17 Rn. 18.

[154] *Burmeister* in: Isensee / Kirchhof, HdbStR II, § 32 Rn. 35; *Rauball* in: von Münch / Kunig, Art. 17 Rn. 6; *Jarass / Pieroth* Art. 17 Rn. 5.

[155] *Dagtoglou* in: BK, Art. 17 Rn. 59, 62 f.

[156] *Dürig* in: Maunz / Dürig, Art. 17 Rn. 27.

2. Einfach-rechtliche Vorgaben sowie Aufgaben- und Zweckbestimmung des Betriebsrats

Im Zusammenhang mit der Frage der Außenrechtssubjektivität des Betriebsrats wurde festgestellt, daß der Betriebsrat mit einer Vielzahl von Behörden und anderen staatlichen Stellen in Kontakt treten kann[157]. Die insoweit maßgeblichen Normen räumen dem Betriebsrat Anhörungs- bzw. Anrufungsrechte ein, vgl. beispielsweise die §§ 89 II BetrVG, 6 II Satz 3 Montan-MitbestG, 20 I KSchG, 12 II Nr. 1 ASiG sowie 14 II SchwbG. Diese Regelungen stehen im unmittelbaren Zusammenhang mit der allgemeinen Überwachungsaufgabe des Betriebsrats gem. § 80 I BetrVG.

Es kann also festgestellt werden, daß schon das einfache Recht dem Betriebsrat petitionsähnliche Positionen explizit einräumt.

3. Auswirkungen auf die Frage der Grundrechtsfähigkeit

Aus der allgemeinen Aufgabenstellung des Betriebsrats gemäß § 80 I BetrVG folgt auch seine Grundrechtsberechtigung aus Art. 17 GG[158]. Unerheblich ist dabei, daß dem Betriebsrat auf dem Gebiet des öffentlichen Rechts, insbesondere des Verwaltungsrechts, gegenüber den jeweiligen staatlichen Stellen keine weitergehenden subjektiv-öffentlichen Rechte, verbunden mit der entsprechenden prozessualen Rechtsstellung, eingeräumt sind. Art. 17 GG ist nämlich kein Grundrecht, daß man „vorprozessualisieren" darf[159]. Es ist also unabhängig vom Bestand sonstiger Rechtsschutzmöglichkeiten, so daß diesem Grundrecht gerade in den Fällen eine Kompensations- und Befriedungsfunktion zukommt, wo das System des gerichtlichen Rechtsschutzes nicht als ausreichend angesehen wird[160]. Gegen die Anerkennung der Grundrechtsträgerschaft des Betriebsrats spricht auch nicht etwa, daß für ihn die Pflicht bestehen soll, vor der Anrufung bestimmter Behörden, die interne Bereinigung innerbetrieblicher Mißstände zu bewirken[161]. Die privatrechtliche Verantwortung wird nämlich durch

---

[157] Siehe oben im 3. Kapitel unter B III 2.

[158] So auch *Dütz*, Der Grundrechtsschutz von Betriebsräten und Personalvertretungen, 1986, S. 69.

[159] *Dürig* in: Maunz / Dürig, Art. 17 Rn. 1.

[160] *Burmeister* in: Isensee / Kirchhof, HdbStR II, § 32 Rn. 8.

[161] So *Söllner* in: Festschrift für Herschel, 1982, S. 389, 403; *Fitting / Auffarth / Kaiser / Heither* § 80 Rn. 11.

Petitionen, die durch Form oder Inhalt in Rechte Dritter eingreifen, nicht ausgeschlossen[162]. Für eine mögliche betriebsverfassungsrechtliche Verantwortlichkeit des Betriebsrats darf nichts anderes gelten.

Wie bei den anderen Grundrechten ergeben sich aber auch im Hinblick auf das Petitionsrecht Schranken. Für die juristischen Personen des Privatrechts wird im Rahmen von Art. 17 GG diskuiert, ob deren Grundrechtsfähigkeit auf die Wahrnehmung eigener Gemeinschaftsinteressen beschränkt ist, also nur innerhalb des Satzungszwecks der Personenmehrheit besteht[163]. Nach der hier vertretenen Auffassung steht jedenfalls der Umfang der nicht vollrechtsfähigen Grundrechtspersonen in den Schranken eines Handelns ultra-vires, ohne daß es dazu einer Herleitung speziell aus Art. 17 GG bedürfte[164]. Für den Betriebsrat bedeutet das, daß dessen Petitionsrecht nur im Zusammenhang mit seiner Aufgabenwahrnehmung, d.h. also nur im Zusammenhang mit den in diesen Bereich fallenden betrieblichen oder betriebsbezogenen Angelegenheiten in Betracht kommt. Diese stellen das „Gemeinschaftsinteresse" im Sinne des Petitionsrechts dar.

X. Art. 2 I GG – Allgemeine Handlungsfreiheit und allgemeines Persönlichkeitsrecht

1. Korporative Ausübbarkeit

a) Allgemeine Handlungsfreiheit

Nach der überwiegenden Meinung ist die allgemeine Handlungsfreiheit grundsätzlich auch auf juristische Personen des Privatrechts anwendbar[165]. Wegen des weiten Anwendungsbereichs dieses Grundrechts und dessen vielschichtigen Ausprägungen dürfte allerdings eine differenzierende Betrachtungsweise angebracht sein. Maßgeblich muß sein, ob die gerade praktisch werdende Erschei-

---

[162] *Dürig* in: Maunz / Dürig, Art. 17 Rn. 51.

[163] Bejahend *Dürig* in: Maunz / Dürig, Art. 17 Rn. 27; *von Mangoldt / Klein*, Anm. II 7; gegen eine solche Einschränkung *Dagtoglou* in: BK, Art. 17 Rn. 53; *Rauball* in: von Münch / Kunig, Art. 17 Rn. 7.

[164] Siehe oben in diesem Kapitel bei A III 2.

[165] BVerfGE 20, 323, 326; 70, 1, 26; *Rüfner* in: AöR 89 (1964), S. 261, 281; *von Mangoldt / Klein / Starck* Art. 2 Abs. 1 Rn. 32; *Stern*, Staatsrecht III / 1, S. 1127 f.; *Kunig* in: von Münch / Kunig, Art. 2 Rn. 7; *Jarass / Pieroth* Art. 2 Rn. 8.

nungsform der allgemeinen Handlungsfreiheit nur als individuelles oder auch als kollektives Freiheitsrecht gedacht werden kann[166]. Weiterhin gilt es zu beachten, daß nicht mit der Hilfe dieses weitverstandenen Grundrechts, insbesondere also dessen Funktion als sogenanntes Auffanggrundrecht[167], die der jeweiligen juristischen Person zulässigerweise immanenten Zweckvorgaben überschritten werden[168]. Der ultra-vires Gedanke ist also schon bei der Prüfung des Schutzbereichs der allgemeinen Handlungsfreiheit zu beachten.

b) Allgemeines Persönlichkeitsrecht

Die Anwendung des allgemeinen Persönlichkeitsrechts auf juristische Personen wird von einem Teil der Literatur unter Hinweis auf die hier allein geschützte personale Eigenssphäre abgelehnt[169]. Die Gegenmeinung nimmt indessen eine modifizierte Anwendung des allgemeinen Persönlichkeitsrechts auf die juristische Person vor und bezieht den Schutz des Namens und der Reputation mit ein[170]. Diese Aspekte spielen beim Betriebsrat mangels Vorliegens einer freien Gruppenbildung sowie Auftretens im allgemeinen Rechtsverkehr aber ohnehin keine Rolle, so daß dieser Meinungsstreit auf sich beruhen kann.

Die Anwendung des allgemeinen Persönlichkeitsrechts auf den Betriebsrat scheidet damit aus.

2. Einfach-rechtliche Vorgaben sowie Aufgaben- und Zweckbestimmung im Bereich der allgemeinen Handlungsfreiheit

Voraussetzung für die Anwendung von Art. 2 I GG ist also, daß im jeweiligen Betätigungsfeld der juristischen Person Lücken vorhanden sind, die von den

---

[166] *Dürig* in: Maunz / Dürig, Art. 2 Abs. I Rn. 68.

[167] Zur Auffangfunktion der allgemeinen Handlungsfreiheit siehe BVerfGE 6, 32, 37; 21, 227, 234; 67, 157, 171; *Erichsen* in: Isensee / Kirchhof, HdbStR VI, § 152 Rn. 13; *Dürig* in: Maunz / Dürig, Art. 2 Abs. I Rn. 7.

[168] *Stern* Staatsrecht III / 1, S. 1128.

[169] *Dürig* in: Maunz / Dürig, Art. 2 Abs. I Rn. 68; *Jarass / Pieroth* Art. 2 Rn. 31; *Schmidt-Glaeser* in: Isensee / Kirchhof, HdbStR VI, § 129 Rn. 88.

[170] BGH, WM 1975, 892; *Stern*, Staatsrecht III / 1, S. 1128; *Wiedemann*, Gesellschaftsrecht I, S. 693; siehe hierzu auch *Kau*, Vom Persönlichkeitsschutz zum Funktionsschutz, 1989, S. 99 ff.

anderen Freiheitsrechten gelassen werden. Rechtsprechung und Literatur haben insoweit bestimmte Betätigungsbereiche, wie z.B. die wirtschaftliche Betätigungsfreiheit, die Vertragsfreiheit oder den Schutz vor Auferlegung von Steuern, herausgebildet[171], die aber wegen des dynamischen Charakters der Norm nicht abschließend sind[172].

Betrachtet man zunächst die für die juristischen Personen typischen Konstellationen der allgemeinen Handlungsfreiheit, so lassen sich einfach-rechtliche Vorgaben für den Betriebsrat in diesem Bereich nicht feststellen: es fehlt aufgrund der begrenzten Rechtsfähigkeit und des begrenzten Tätigkeitsbereichs an der wirtschaftlichen Betätigungsfreiheit, an der Vertragsfreiheit oder auch an der Wettbewerbsfreiheit des Betriebsrats. Zu prüfen bleibt allein, ob aus der allgemeinen Aufgabenwahrnehmung des Betriebsrats Hinweise auf das Bestehen einer allgemeinen Handlungsfreiheit zu erkennen sind. Hier muß aber beachtet werden, daß die Aufgabenwahrnehmung des Betriebsrats auf das Rechtsverhältnis zum Arbeitgeber beschränkt ist und durch die bestehenden Beteiligungsrechte gegenüber staatlichen Stellen lediglich verstärkt wird. Die Anerkennung der allgemeinen Handlungsfreiheit bei juristischen Personen steht jedoch im unauflösbaren Zusammenhang mit deren zivilrechtlicher Rechtsfähigkeit und der daraus resultierenden grundsätzlich uneingeschränkten Teilnahme am Rechtsverkehr. Daraus entstehen die Gefährdungslagen gegenüber der staatlichen Gewalt, die zur Notwendigkeit eines Grundrechtsschutzes führen. Hieran fehlt es aber gerade beim Betriebsrat.

Aus dem gleichen Grunde scheidet auch der für die Anwendung von Art. 2 I GG ins Felde geführte Aspekt, daß dieses Grundrecht für die juristischen Personen als der „prozessuale Hebel“ fungieren kann, damit im Verfassungsbeschwerdeverfahren andere Verfassungsnormen als Grundrechte geltend gemacht werden können[173], aus. Entscheidend ist, daß die hierfür erforderlichen privaten oder öffentlich-rechtlichen Rechtspositionen beim Betriebsrat eben nicht vorhanden sind.

---

[171] Vgl. den Überblick bei *Kunig* in: von Münch / Kunig, Art. 2 Rn. 29.

[172] *von Mangoldt / Klein / Starck* Art. 2 Abs. 1 Rn. 179.

[173] Siehe hierzu *Stern*, Staatsrecht III / 1, S. 1128.

3. Auswirkungen auf die Frage der Grundrechtsfähigkeit

Nach alledem ist also die Anwendung der allgemeinen Handlungsfreiheit auf den Betriebsrat abzulehnen[174]. Der dem Betriebsrat zugewiesene Freiheitsraum ist vielmehr auf die Schutzbereiche der hier bejahten Spezialgrundrechte beschränkt. Mit der Anwendung von Art. 2 I GG wäre vielmehr eine unzulässige Erweiterung des Tätigkeitsbereichs des Betriebsrats verbunden.

XI. Art. 19 IV GG – Rechtsweggarantie

1. Korporative Ausübbarkeit

Die Anwendbarkeit von Art. 19 IV GG auf juristische Personen wird im gleichen Umfang bejaht, wie die des Art. 19 III GG selbst[175]. Ebenso kommt den nicht vollrechtsfähigen Personenmehrheiten in dem Umfang Grundrechtsschutz zu, in dem sie Träger subjektiv-öffentlicher Rechte gegenüber dem Staat sind[176].

2. Einfach-rechtliche Vorgaben sowie Aufgaben- und Zweckbestimmung des Betriebsrats

Art. 19 IV GG knüpft an bestehende öffentliche Rechte an. Rechte im Sinne von Art. 19 IV GG sind dabei alle subjektiven öffentlichen Rechte des einfachen Rechts, aber auch die Grundrechte selbst[177].

Im Hinblick auf die dem Betriebsrat partiell zustehenden Grundrechte sind damit zweifellos die materiell-rechtlichen Vorgaben erfüllt. Daneben kommt den schon im Zusammenhang mit Art. 17 GG genannten[178] einfach-rechtlichen Anrufungs- und Anhörungsrechten des Betriebsrats gegenüber Stellen der

---

[174] A.A. *Dütz*, Der Grundrechtsschutz von Betriebsräten und Personalvertretungen, 1986, S. 62.

[175] *Krebs* in: von Münch / Kunig, Art. 19 Rn. 51; *Schmidt-Aßmann* in: Maunz / Dürig, Art. 19 Abs. IV Rn. 40 ff.; *Papier* in: Isensee / Kirchhoff, HdbStR VI, § 154 Rn. 18 ff.

[176] *Schenke* in: BK, Art. 19 IV Rn. 30.

[177] *Papier* in: Isensee / Kirchhoff, HdbStR VI, § 154, Rn. 39; *Schmidt-Aßmann* in: Maunz / Dürig, Art. 19 Abs. IV Rn. 34.

[178] Siehe oben in diesem Abschnitt bei IX 2.

Exekutive auch hier eine Bedeutung zu. Mit diesen Rechten werden dem Betriebsrat nämlich eigene *Verfahrenspositionen* gegenüber der Exekutive eingeräumt[179]. Auch subjektive Verfahrensrechte fallen aber in den Anwendungsbereich von Art. 19 IV GG[180]. Dieses gilt nicht nur für all die Beteiligungsmöglichkeiten, die Ausdruck einer Betroffenenbeteiligung sind, sondern kann auch bei jenen, die vorrangig im öffentlichen Interesse geschaffen worden sind, der Fall sein[181]. Liegt ein solches Recht vor, so genießt die auf seine Durchsetzung gerichtete Partizipationsklage den Schutz des Art. 19 IV GG[182]. Wenn also zum Beispiel dem Betriebsrat Anhörungsrechte in § 20 I KSchG vor der Entscheidung des Landesarbeitsamtes im Zusammenhang mit der Entlassungssperre nach § 18 KSchG oder in § 12 II ASiG vor der Entscheidung der zuständigen Behörde über Anordnungen gegenüber dem Arbeitgeber im Zusammenhang mit der Gewährleistung der Arbeitssicherheit nach § 12 I ASiG eingeräumt werden, so haben diese die Aufgabe, den Interessen der ebenfalls von derartigen Maßnahmen betroffenen Arbeitnehmer, vermittelt über den – allein verfahrensberechtigten – Betriebsrat, Rechnung zu tragen und gegebenenfalls auch auf die behördliche Entscheidungsfindung mit einzuwirken. Ein subjektivrechtlicher Gehalt dieser Beteiligungsrechte des Betriebsrats ist also durchaus feststellbar. Verwaltungsprozessuale Bedenken stehen einem solchen Ergebnis nicht entgegen, da § 61 Nr. 2 VwGO dem Betriebsrat die Beteiligungsfähigkeit vor den Verwaltungsgerichten vermittelt[183].

3. Auswirkungen auf die Frage der Grundrechtsfähigkeit

Der Betriebsrat ist auch Grundrechtsträger im Hinblick auf Art. 19 IV GG[184]. Im Zusammenhang mit möglichen Verletzungen der ihm (partiell) zustehenden Grundrechte muß ihm auch Rechtsschutz gegenüber der Exekutive gewährt werden. Das kann zum Beispiel der Fall sein, wenn der Betriebsrat im Zusammenhang mit einem Petitionsbescheid um Rechtsschutz vor den Verwal-

---

[179] Siehe hierzu oben im 3. Kapitel unter B III 2.

[180] Vgl. *Schmidt-Aßmann* in: Maunz / Dürig, Art. 19 Abs. IV Rn. 149.

[181] *Schmidt-Aßmann*, a.a.O.

[182] *Schmidt-Aßmann*, a.a.O.; grundlegend hierzu *Battis*, Partizipation im Städtebaurecht, 1976, S. 214 ff.

[183] So schon BVerwGE 5, 293, 302; ebenso *Kopp*, VwGO, § 61 Rn. 13; vgl. hierzu auch *Fitting / Auffarth / Kaiser / Heither* § 98 Rn. 27; *Kraft* in: GK-BetrVG, § 98 Rn. 23.

[184] So auch *Dütz*, Der Grundrechtsschutz von Betriebsräten und Personalvertretungen, 1986, S. 70.

tungsgerichten ersucht[185]. Eine deratige Konstellation ist auch denkbar, wenn durch Träger staatlicher Gewalt in die räumliche Sphäre des Betriebsrats (Art. 13 GG) oder seine Kommunikationsmittel (Art. 10 GG) eingegriffen wird. Wie dargestellt, kann Art. 19 IV GG aber auch hinsichtlich der einfach-rechtlichen Verfahrenspositionen des Betriebsrats zur Anwendung gelangen.

XII. Art. 101 I Satz 2 GG – Recht auf den gesetzlichen Richter – und Art. 103 I GG – Anspruch auf rechtliches Gehör

Das Recht auf den gesetzlichen Richter sowie der Anspruch auf rechtliches Gehör stehen jedem zu, der nach den jeweiligen Prozeßnormen parteifähig ist[186]. Beide Normen stellen zwar keine Grundrechte im eigentlichen Sinne dar, können aber als grundrechtsgleiche Rechte bezeichnet werden[187]. Unbestritten gelten diese Normen auch für juristische Personen sowohl des privaten als auch des öffentlichen Rechts, da sie objektive Verfahrensgrundsätze enthalten, die für jedes gerichtliche Verfahren gelten und daher auch jedem zugute kommen müssen, der nach den Verfahrensnormen parteifähig ist oder von dem Verfahren betroffen ist[188].

Da der Betriebsrat vor den Arbeitsgerichten nach § 2a ArbGG, aber auch vor den Verwaltungsgerichten über § 61 Nr. 2 VwGO Partei eines Rechtsstreits sein kann, stehen ihm folglich auch die genannten prozessualen Grundrechte zu[189].

C. Ergebnis

Der Betriebsrat ist im Rahmen seiner Aufgabenwahrnehmung partiell grundrechtsfähig im Hinblick auf die Grundrechte der Art. 3 I GG (Gleichheitsgrund-

[185] Daß Art. 19 IV auf Petitionsbescheide anwendbar ist, ist unumstritten, vgl. nur *Burmeister* in: Isensee / Kirchhof, HdbStR II, § 32 Rn. 59 m.w.N.

[186] *Maunz* in: Maunz / Dürig, Art. 101 Rn. 7; *Schmidt-Aßmann* in: Maunz / Dürig, Art. 103 Abs. I Rn. 33.

[187] *Maunz* in: Maunz / Dürig, Art. 101 Rn. 6; *Schmidt-Aßmann* in: Maunz / Dürig, Art. 103 Abs. I Rn. 4.

[188] BVerfGE 6, 45, 49; 13, 132, 139 f.; 21, 362, 373; 61, 82, 104.

[189] So auch *Dietz / Richardi* § 1 Rn. 21; *Gamillscheg*, Arbeitsrecht II: Kollektives Arbeitsrecht, S. 230, Nr. 352 (2); *Dütz*, Der Grundrechtsschutz von Betriebsräten und Personalvertretungen, 1986, S. 71; siehe auch BVerfGE 28, 314, 323 für den Personalrat.

satz in seiner Ausprägung als Willkürverbot gegenüber der Rechtsprechung), Art. 5 I Satz 1 Halbs. 1 GG (Meinungsfreiheit), Art. 5 I Satz 1 Halbs. 2 GG (Informationsfreiheit), Art. 8 GG (Versammlungsfreiheit), Art. 10 GG (Brief-, Post- und Fernmeldegeheimnis), Art. 13 (Unverletzlichkeit der Wohnung), Art. 17 GG (Petitionsrecht), Art. 19 IV GG (Rechtsweggarantie) sowie Art. 101 I Satz 2 (Recht auf den gesetzlichen Richter) und Art. 103 I GG (Anspruch auf rechtliches Gehör).

Sechstes Kapitel

Sonderfragen

A. Die Grundrechtsfähigkeit des Betriebsrats in Tendenzbetrieben nach § 118 I BetrVG

Während in § 118 II BetrVG die Anwendung des BetrVG auf Religionsgemeinschaften und ihre karitativen und erzieherischen Einrichtungen ganz ausgeschlossen wird, ein Betriebsrat also nicht errichtet werden kann, werden nach § 118 I BetrVG in Unternehmen und Betrieben mit bestimmter geistig-ideeller Zielsetzung die Beteiligungsrechte des Betiebsrats Einschränkungen unterstellt. Dieses wirft die Frage auf, ob und welche Einflüsse sich hieraus auf die Grundrechtsfähigkeit des Betriebsrats ergeben.

I. Der Zweck des § 118 I BetrVG

Der gesetzgeberische Zweck der Vorschrift liegt nach überwiegender Meinung darin, die vom Grundgesetz eingeräumten Grundrechte der Tendenzträger aus den Art. 2 I, 4, 5 und 9 III GG durch die Mitbestimmungsrechte der Arbeitnehmer nicht beeinflussen zu lassen[1]. Die Vorschrift soll dabei Ausdruck einer Güterabwägung zwischen den genannten Freiheitsrechten des Tendenzträgers und dem Sozialstaatsprinzip sein[2]. Schon Ihlefeld hat indes darauf hingewiesen, daß für das Verständnis von § 118 I BetrVG die Gegenüberstellung der Freiheitsrechte des Arbeitgebers mit dem Sozialstaatsprinzip *allein* verfassungsrechtlich verengt ist und eine Miteinbeziehung der Grundrechte der Art. 1, 2

---

[1] BAG AP Nr. 3 § 118 BetrVG 1972, Bl. 472; *Dietz / Richardi* § 118 Rn. 13 ff.; *Fitting / Auffarth / Kaiser / Heither* § 118 Rn. 4; *Hess / Schlochauer / Glaubitz* § 118 Rn. 2.

[2] BAG AP Nr. 3 zu § 118 BetrVG 1972, Bl. 472; AP Nr. 4 zu § 118 BetrVG, Bl. 480 R; AP Nr. 20 zu § 118 BetrVG 1972, Bl. 1055; *Fitting / Auffarth / Kaiser / Heither*, a.a.O.; *Richter*, DB 1991, 2661, 2662; gegen die Theorie vom Grundrechtsbezug *Fabricius* in: GK-BetrVG, § 118 Rn. 78 ff.; siehe zum Ganzen auch *Marino*, Die verfassungsrechtlichen Grundlagen des sogenannten Tendenzschutzes im Betriebsverfassungsrecht und im Unternehmensverfassungsrecht, 1986.

und 3 GG auf der Arbeitnehmerseite gefordert[3]. Nach der hier vertretenen Auffassung, daß dem BetrVG die Aufgabe zukommt, als Ausdruck objektiv-rechtlicher Funktion der Grundrechte im Sinne von Organisations- und Verfahrensregelungen Grundrechtspositionen der Arbeitnehmer aus den Art. 2 I und 12 GG zur Wirksamkeit zu verhelfen[4], muß dieses ohnehin schon gelten.

Die Vorschrift des § 118 I BetrVG erweist sich damit als Ausdruck einer Kollisions- und Güterabwägung der genannten Freiheitsrechte der Tendenzträger mit den durch die Mitbestimmung verkörperten Grundrechten der Arbeitnehmer. Hierauf muß sich der vom BAG geforderte verfassungskonforme Ausgleich beziehen.

II. Die Auswirkungen auf die Anwendbarkeit von Art. 19 III GG auf den Betriebsrat

Zu prüfen ist zunächst, ob sich aus der eingeschränkten Anwendbarkeit des BetrVG Auswirkungen auf die allgemeine Tauglichkeit des Betriebsrats als Grundrechtssubjekt ergeben.

1. Innerorganisatorische Voraussetzungen im Sinne von Art. 19 III GG und § 118 I BetrVG

Grundlage der Anerkennung des Betriebsrats als verselbständigte Organisationseinheit im Sinne von Art. 19 III GG war, daß hinter ihm die Belegschaft als interessenfähige Personenmehrheit steht und er als willens- und handlungsfähige Einheit durch die Belegschaft legitimiert und kontrolliert ist[5]. Maßgebend hierfür waren in erster Linie die Organisationsnormen des BetrVG.

Nach allgemeiner Auffassung werden aber die allgemeinen Vorschriften und Organisationsnormen der §§ 1-73 BetrVG durch § 118 I BetrVG nicht berührt[6]. § 118 I BetrVG geht vielmehr davon aus, daß ein Betriebsrat bereits

---

[3] *Ihlefeld*, RdA 1977, 223, 227.

[4] Siehe oben im 4. Kapitel unter C III 3.

[5] Siehe oben in 2. Kapitel unter B I-III.

[6] *Blanke* in: D. / K. / K. / S., § 118 Rn. 69 ff.; *Dietz / Richardi* § 118 Rn. 117 ff.; *Fabricius* in: GK-BetrVG, § 118 Rn. 596 ff.; *Fitting / Auffarth / Kaiser / Heither* § 118 Rn. 32; *Galperin / Löwisch* § 118 Rn. 55 ff.; *Hess / Schlochauer / Glaubitz* § 118 Rn. 60 ff.

gebildet ist, so daß insbesondere die Vorschriften über Errichtung, Wahl, Geschäftsführung und innere Organisation auch hier gelten[7]. Ebenso finden die Vorschriften über Betriebs- und Abteilungsversammlungen, §§ 42 bis 46 BetrVG, uneingeschränkt Anwendung[8].

An der eigenen Willens- und Handlungsfähigkeit des Betriebsrats sowie an dessen Verhältnis zur Belegschaft ändert sich damit nichts, so daß § 118 I BetrVG keine Auswirkungen auf die Anerkennung des Betriebsrats als verselbständigte Organisationseinheit im Sinne von Art. 19 III GG entfaltet.

2. Teilrechtsfähigkeit im Sinne von Art. 19 III GG und § 118 I BetrVG

Die Anerkennung des Betriebsrats als teilrechtsfähiges Rechtssubjekt im Sinne von Art. 19 III GG beruhte darauf, daß ihm, insbesondere durch die Mitwirkungs- und Mitbestimmungsrechte des BetrVG, aber auch durch einzelne außerbetriebsverfassungsrechtliche Normen des Arbeitsrechts, eigenständige Rechtspositionen zugewiesen werden, die dem Bereich des Außenrechts zuzuordnen sind[9].

Die allgemeinen Rechte und Aufgaben des Betriebsrats sowie die Grundsätze der Mitwirkung und Mitbestimmung der §§ 74 bis 80 BetrVG bleiben aber auch in Tendenzbetrieben erhalten[10]. Ebenso werden die Regeln der Mitbestimmung in sozialen Angelegenheiten, bei denen der Schwerpunkt der Aufgabenstellung des Betriebsrats liegt, von § 118 I BetrVG grundsätzlich nicht angetastet[11]. Von der h.M werden hier nur für den Fall Ausnahmen hinsichtlich § 87 I Nr. 1, 2 und 3 gemacht, daß sich die betreffende Maßnahme nicht ausschließlich auf den organisatorisch-technischen Arbeitsablauf bezieht[12].

---

[7] *Fabricius* in: GK-BetrVG, § 118 Rn. 596; *Blanke* in: D. / K. / K. / S., § 118 Rn. 69.

[8] *Blanke* in: D. / K. / K. / S., § 118 Rn. 70; *Fabricius* in: GK-BetrVG, § 118 Rn. 599; enger *Dietz / Richardi* § 118 Rn. 121 sowie *Galperin / Löwisch* § 118 Rn. 59, nach denen der Arbeitgeber gemäß § 43 II Satz 3 BetrVG nicht über die wirtschaftliche Lage und Entwicklung des Betriebs zu berichten habe.

[9] Siehe oben im 3. Kapitel im Abschnitt B.

[10] *Blanke* in: D. / K. / K. / S., § 118 Rn. 70; *Dietz / Richardi* § 118 Rn. 123, 124; *Fabricius* in: GK-BetrVG, § 118 Rn. 602 ff.

[11] BAG AP Nr. 45 zu § 118 BetrVG 1972, unter II 2 b.

[12] Vgl. insoweit *Fitting / Auffarth / Kaiser / Heither* § 118 Rn. 33 sowie die Darstellung von *Fabricius* in: GK-BetrVG, § 118 Rn. 607 ff.

Schließlich sind auch in Tendenzbetrieben die Vorschriften der §§ 88 und 89 BetrVG[13] sowie der §§ 90 und 91 BetrVG[14] anzuwenden.

Der Schwerpunkt der Einschränkung betriebsverfassungsrechtlicher Rechte durch § 118 I BetrVG liegt im Bereich der Mitbestimmung in personellen Angelegenheiten der §§ 92 bis 105 BetrVG, insbesondere im Hinblick auf die Rechte aus den §§ 99 II, 102 II und 102 V BetrVG[15], die im Zusammenhang mit personellen Einzelmaßnahmen des Arbeitgebers stehen. Auf die grundsätzliche Fähigkeit des Betriebsrats, Träger von Rechten und Pflichten zu sein, wirken sich diese Einschränkungen, die sich zudem auch nicht auf kollektive Tatbestände beziehen sondern Individualmaßnahmen zum Gegenstand haben, indes nicht aus. Auch was das Außenrechtsverhältnis zu betriebsfremden Dritten anbelangt, gibt es in Tendenzbetrieben grundsätzlich keine besonderen Einschränkungen.

Damit ergeben sich aus § 118 I BetrVG auch im Hinblick auf die für Art. 19 III GG erforderliche Teilrechtsfähigkeit des Betriebsrats keine Auswirkungen.

3. Abstrakte Grundrechtsfähigkeit im Sinne von Art. 19 III GG und § 118 I BetrVG

Die abstrakte Grundrechtsfähigkeit des Betriebsrats wurde daraus abgeleitet, daß sich seine durch das BetrVG festgelegte Aufgabenwahrnehmung und Zweckbestimmung als Ausdruck von Organisations- und Verfahrensregelungen zur Verwirklichung von Grundrechtspositionen der Arbeitnehmer aus den Grundrechten der Art. 2 I und 12 GG erweist[16].

Auch im Tendenzbetrieb kommt dem Betriebsrat aber diese Rolle zu. Am Auftrag der betrieblichen Mitbestimmung, die Grundrechtspositionen der Arbeitnehmer aus den Art. 2 I und 12 GG zu verwirklichen, und der damit gegebenen verfassungsrechtlichen Legitimation des Betriebsrats ändert sich in Tendenzbetrieben nichts. Hier besteht nämlich im gleichen Umfang die mit der

[13] *Fabricius* in: GK-BetrVG, § 118 Rn. 607.

[14] *Fabricius* in: GK-BetrVG, § 118 Rn. 615, 616.

[15] Vgl. hierzu *Fitting / Auffarth / Kaiser / Heither* § 118 Rn. 36 ff. mit Nachweisen aus der Rechtspr. des BAG.

[16] Siehe oben im 4. Kapitel im Abschnitt C III.

arbeitsvertraglichen Dispositionsfreiheit im Zusammenhang stehende grundrechtliche Kollisions- und Verknappungslage.

Damit ist auch hier der Betriebsrat abstrakt grundrechtsfähig.

III. Die Anwendung einzelner Grundrechte auf den Betriebsrat in Tendenzbetrieben

Da die Rechts- und Aufgabenstellung des Betriebsrats auch in Tendenzbetrieben unverändert ist, sich insbesondere aus § 118 I BetrVG keine Einschränkungen auf die betriebsverfassungsrechtliche Teilrechtsfähigkeit ergeben, kann sich der Betriebsrat also auch hier partiell auf die einzelnen Grundrechte, wie oben festgestellt[17], berufen. Diese Grundrechte, deren Wahrnehmung ohnehin schon auf die Aufgaben- und Zweckbestimmung des Betriebsrats beschränkt ist, müssen aber unter dem Gesichtspunkt der praktischen Konkordanz[18] mit den von § 118 I BetrVG umfaßten Freiheitsrechten des Tendenzträgers in Einklang gebracht werden, woraus sich im Einzelfall weitere Einschränkungen für den Betriebsrat ergeben können. Insoweit ist aber der jeweilige konkrete Sachverhalt maßgebend, so daß an dieser Stelle keine allgemeingültigen Aussagen getroffen werden können.

B. Die Grundrechtsfähigkeit von Gesamtbetriebsrat und Konzernbetriebsrat

I. Gesamtbetriebsrat

1. Rechtsnatur und Rechtsstellung des Gesamtbetriebsrats

Nach § 47 I BetrVG ist ein Gesamtbetriebsrat zu bilden, wenn in einem Unternehmen mehrere Betriebsräte bestehen. Es handelt sich dabei um eine zwingende Vorschrift, die Bildung eines Gesamtbetriebsrats liegt also nicht etwa im Ermessen der einzelnen Betriebsräte, er ist vielmehr ein obligatorisches Organ

---

[17] Siehe hierzu im 5. Kapitel im Abschnitt B.

[18] Siehe hierzu *Hesse*, Grundzüge des Verfassungsrechts der Bundesrepublik Deutschland, Rn. 317 ff.

der Betriebsverfassung[19]. § 47 II BetrVG sieht vor, daß die Mitglieder des Gesamtbetriebsrats nicht durch Urwahl der Arbeitnehmer des Unternehmens, sondern durch Entsendung von Betriebsratsmitgliedern durch die einzelnen Betriebsräte des Unternehmens bestimmt werden. Auch die Wahl eines Gesamtbetriebsrats durch ein aus Deligierten bestehendes Gremium ist unzulässig[20].

Hinsichtlich der Geschäftsführung und der inneren Organisation des Gesamtbetriebsrats gelten gemäß § 51 I BetrVG weitgehend auch die für den Betriebsrat maßgeblichen Regelungen. Dabei entspricht die Funktion des Gesamtbetriebsratsvorsitzenden der des Betriebsratsvorsitzenden, vgl. § 51 I Satz 1 i.V.m. § 26 III BetrVG. Auch beim Gesamtbetriebsrat ist der Beschluß das Mittel, mit dem er eine rechtsverbindliche Willensbildung herbeiführt und eine rechtsverbindliche Grundlage für weitere Handlungen schafft[21]. § 53 BetrVG sieht die Einrichtung einer Betriebsräteversammlung vor. Diese entspricht auf der Unternehmensebene – wie sich auch aus der entsprechenden Anwendung einiger für die Betriebsversammlung geltenden Vorschriften ergibt – in ihrer Funktion und ihren Aufgaben der Betriebsversammlung[22].

Was schließlich die Rechtsstellung des Gesamtbetriebsrats anbelangt, so räumt ihm § 50 I BetrVG einen eigenen Aufgabenbereich für die Behandlung von Angelegenheiten, die das Gesamtunternehmen oder mehrere Betriebe betreffen und nicht durch die einzelnen Betriebsräte geregelt werden können, ein. In diesem Rahmen ist der Gesamtbetriebsrat selbständiges Organ der Betriebsverfassung auf der Ebene des Unternehmens, ohne daß ein Verhältnis der Über- oder Unterordnung zu den Betriebsräten der Einzelbetriebe besteht[23]. Die einzelnen Betriebsräte können also weder dem Gesamtbetriebsrat noch einzelnen Mitgliedern Weisungen erteilen.

Aufgrund der Verweisung in § 51 VI BetrVG gelten die Vorschriften über die Rechte und Pflichten des Betriebsrats entsprechend für den Gesamtbetriebsrat. Dieses gilt sowohl für die allgemeinen Grundsätze als auch für die Mitwir-

---

[19] *Trittin* in: D. / K. / K. / S., § 47 Rn. 4; *Fitting / Auffarth / Kaiser / Heither* § 47 Rn. 3; *Joost* in: MünchArbR, Bd. 3; § 305 Rn. 10, 27; *Kreutz* in: GK-BetrVG, § 47 Rn. 21.

[20] LAG Frankfurt, DB 1977, 2056.

[21] *Kreutz* in: GK-BetrVG, § 51 Rn. 59.

[22] *Brill*, AuR 1979, 138, 139; *Fitting / Auffarth / Kaiser / Heither* § 53 Rn. 1; *Kreutz* in: GK-BetrVG, § 53 Rn. 2; *Galperin / Löwisch* § 53 Rn. 1.

[23] *Joost* in: MünchArbR, Bd. 3, § 305 Rn. 43; *Dietz / Richardi* § 50 Rn. 28; *Fitting / Auffarth / Kaiser / Heither* § 50 Rn. 5; *Trittin* in: D. / K. / K. / S., § 50 Rn. 6; *Hess / Schlochauer / Glaubitz* § 50 Rn. 5.

kungs- und Mitbestimmungsrechte der §§ 74 bis 113 BetrVG in sozialen Angelegenheiten, bei der Gestaltung von Arbeitsplatz, Arbeitsablauf und Arbeitsumgebung sowie in personellen und wirtschaftlichen Angelegenheiten[24]. Im gleichen Umfang gelten für den Gesamtbetriebsrat auch die allgemeinen Pflichten nach den §§ 2 I, 74, 75 und 80 BetrVG[25]. Schließlich besitzt der Gesamtbetriebsrat auch hinsichtlich des Verfahrens in Regelungs- und Rechtsstreitigkeiten die gleiche Rechtsstellung wie der Betriebsrat[26].

2. *Grundrechtsfähigkeit*

a) Anwendbarkeit von Art. 19 III GG

Legt man die im Rahmen dieser Arbeit herausgearbeiteten Anforderungen an die Grundrechtsperson im Sinne von Art. 19 III GG auch hier zugrunde, so läßt sich für den Gesamtbetriebsrat folgendes feststellen:

Hinsichtlich der Anforderungen an die Innensphäre[27] ergibt sich gegenüber dem Betriebsrat nur in der Hinsicht ein bedeutsamer Unterschied, als der Gesamtbetriebsrat nicht durch die von ihm repräsentierten Arbeitnehmer des Unternehmens gewählt sondern durch die einzelnen Betriebsräte *bestimmt* wird. Die für Art. 19 III GG erforderliche Legitimation und Kontrolle ist aber insoweit dennoch vorhanden, als der Gesamtbetriebsrat nur auf die Arbeitnehmer zurückzuführen ist, die betriebsverfassungsrechtlich ein Wahlrecht für einen Betriebsrat besitzen und hiervon Gebrauch gemacht haben[28]. Die gesetzliche Regelung der verbindlichen Errichtung des Gesamtbetriebsrats durch Entsendung von gewählten Betriebsratsmitgliedern stützt sich gerade auf diese Legitimationsbasis[29]. Auch das BAG legt ein besonderes Schwergewicht auf diese demokratische Legitimation, wenn es die Zuständigkeit eines Gesamtbetriebsrats für zwar betriebsratsfähige Betriebe, in denen aber kein Betriebsrat gewählt worden ist, ablehnt[30]. Auf diesem Wege ist also die für die Anerkennung als

---

[24] *Kreutz* in: GK-BetrVG, § 50 Rn. 10.

[25] *Kreutz*, a.a.O; *Fitting / Auffarth / Kaiser / Heither* § 51 Rn. 63.

[26] *Fitting / Auffarth / Kaiser / Heither* § 51 Rn. 66.

[27] Siehe hierzu oben im 2. Kapitel im Abschnitt A II.

[28] *Joost* in: MünchArbR, Bd. 3, § 305 Rn. 4.

[29] *Kreutz* in: GK-BetrVG, § 50 Rn. 42.

[30] Vgl. BAG AP Nr. 5 zu § 50 BetrVG.

Grundrechtsperson erforderliche Teilhabe des einzelnen Arbeitnehmers an der Ausübungsgemeinschaft Gesamtbetriebsrat gewährleistet.

Genauso wie der Betriebsrat ist auch der Gesamtbetriebsrat willensbildungs- und handlungsfähig[31], so daß er ebenso wie der Betriebsrat als verselbständigte Organisationseinheit bezeichnet werden kann.

Ebenso wie der Betriebsrat besitzt der Gesamtbetriebsrat gemäß § 51 VI BetrVG auch die für Art. 19 III GG erforderliche Teilrechtsfähigkeit[32]. Als eigenständiger Träger betriebsverfassungsrechtlicher Rechte und Pflichten im prinzipiell gleichen Umfang kann auch er als juristische Teilperson bezeichnet werden[33].

Schließlich ist der Gesamtbetriebsrat in gleicher Weise wie der Betriebsrat abstrakt grundrechtsfähig im Sinne des Wesensbegriffs von Art. 19 III GG[34]. Wenn auch sein gesetzlicher Tätigkeitsbereich allein auf die überbetriebliche Ebene bezogen ist, erweist er sich von seiner Aufgabenstellung her als Medium objektiv-rechtlicher Grundrechtsverwirklichung durch Organisation und Verfahren für die Arbeitnehmer, da hier im gleichen Umfang wie auf der betrieblichen Ebene grundrechtliche Verknappungslagen auf seiten der Arbeitnehmer drohen und er insoweit den gleichen Verwirklichungsauftrag mit den entsprechenden Kompetenzen hat.

Auch der Gesamtbetriebsrat ist damit also Grundrechtsperson im Sinne von Art. 19 III GG.

b) Die anwendbaren Grundrechte

Wegen der prinzipiell gleichen Rechtsstellung und Kompetenzzuweisung ist der Gesamtbetriebsrat damit im gleichen Umfang wie der Betriebsrat grundrechtsfähig und kann sich damit (partiell) auch auf die diesem zustehenden Grundrechte berufen[35]. Allerdings ist hier die Zuständigkeitsabgrenzung zwischen den einzelnen Betriebsräten und dem Gesamtbetriebsrat von besonderer Bedeutung. Unabhängig davon, ob man aus § 50 I BetrVG eine Primärzustän-

---

[31] *Kreutz* in: GK-BetrVG, § 50 Rn. 10.

[32] Siehe hierzu oben im 3. Kapitel im Abschnitt A.

[33] *Kreutz* in: GK-BetrVG, § 50 Rn. 11.

[34] Siehe hierzu oben im 4. Kapitel im Abschnitt C.

[35] Siehe hierzu oben im 5. Kapitel im Abschnitt B.

digkeit der Einzelbetriebsräte ableitet[36], oder diese Vorschrift allein als eine Zuständigkeitsverteilung in bezug auf die materiellen Beteiligungsrechte und ihre Ausübung ansieht[37], ist jedenfalls festzuhalten, daß der Gesamtbetriebsrat von *vorneherein* Rechte und Pflichten nur hat, wenn er auch zuständig ist[38]. Für die Anwendung der einzelnen Grundrechte bedeutet das, daß der Umfang der Grundrechtsfähigkeit in einem weiteren Maße unter dem Gesichtspunkt eines Handelns ultra-vires beschränkt ist, nämlich auf die Sachverhalte, die in die Zuständigkeit und Aufgabenstellung des Gesamtbetriebsrats fallen.

II. Konzernbetriebsrat

1. Rechtsnatur und Rechtsstellung des Konzernbetriebsrats

§ 54 eröffnet die Möglichkeit, einen Konzernbetriebsrat zu errichten. Der Regelungszweck der Institution Konzernbetriebsrat ist darin zu sehen, auch innerhalb eines Konzerns eine Arbeitnehmervertretung zuzulassen, um einer Aushöhlung betriebsverfassungsrechtlicher Beteiligungsrechte auf Unternehmensebene entgegenzuwirken[39]. Die Errichtung des Konzernbetriebsrats ist fakultativ und wird durch den Beschluß der Mehrzahl der Gesamtbetriebsräte der Konzernunternehmen herbeigeführt. Der Konzernbetriebsrat ist errichtet, wenn Gesamtbetriebsräte bzw. Betriebsräte, vgl. § 54 II BetrVG, der Konzernunternehmen, in denen insgesamt 75 % aller Arbeitnehmer beschäftigt sind, die Errichtung beschlossen haben[40]. Auf die Geschäftsführung und die innere Organisation des Konzernbetriebsrats sind – wie beim Gesamtbetriebsrat auch – weitgehend die für den Betriebsrat geltenden Vorschriften anzuwenden, vgl. § 59 I BetrVG.

---

[36] So BAG AP Nr. 2 zu § 50 BetrVG 1972, Bl. 2 R; *Dietz / Richardi* § 50 Rn. 2; *Fitting / Auffarth / Kaiser / Heither* § 50 Rn. 9; *Gnade / Kehrmann / Schneider / Blanke / Klebe* § 50 Rn. 1; *Trittin* in: D. / K. / K. / S., § 50 Rn. 23.

[37] So *Kreutz* in: GK-BetrVG, § 50 Rn. 19.

[38] *Kreutz* in: GK-BetrVG, § 51 Rn. 77.

[39] *Dietz / Richardi* § 54 Rn. 1; *Fitting / Auffarth / Kaiser / Heither* § 54 Rn. 3; *Kreutz* in: GK-BetrVG, § 54 Rn. 3; *Windbichler*, Arbeitsrecht im Konzern, 1989, S. 300.

[40] *Dietz / Richardi* § 54 Rn. 17, 33; *Fitting / Auffarth / Kaiser / Heither* § 54 Rn. 27; *Kreutz* in: GK-BetrVG, § 54 Rn. 39; *Galperin / Löwisch* § 54 Rn. 14; *Hess / Schlochauer / Glaubitz* § 54 Rn. 21.

Der Umfang der Rechtsstellung des Konzernbetriebsrats wird durch § 58 BetrVG bestimmt. Danach ist der Konzernbetriebsrat gesetzlich zuständig für Angelegenheiten, die den Konzern oder mehrere Konzernunternehmen betreffen und nicht durch die einzelnen Gesamtbetriebsräte innerhalb ihrer Unternehmen geregelt werden können, vgl. § 58 I BetrVG. Aus § 58 I Satz 2 ergibt sich, daß der Konzernbetriebsrat den einzelnen Gesamtbetriebsräten weder übergeordnet noch untergeordnet ist[41], so daß auch hier Weisungen des Gesamtbetriebsrats gegenüber dem Konzernbetriebsrat oder einzelnen Mitgliedern ausgeschlossen sind.

Gemäß den §§ 59 I, 51 VI BetrVG gelten für den Konzernbetriebsrat die Vorschriften über die Rechte und Pflichten des Betriebsrats entsprechend. Insoweit kann auf die Ausführungen zum Gesamtbetriebsrat verwiesen werden[42].

2. *Grundrechtsfähigkeit*

a) Anwendbarkeit von Art. 19 III GG

Die für den Gesamtbetriebsrat gewonnenen Ergebnisse lassen sich auch auf den Konzernbetriebsrat übertragen.

Wenn auch der Konzernbetriebsrat ebenso wie der Gesamtbetriebsrat nicht unmittelbar durch die Arbeitnehmer des Konzerns gewählt wird, besteht auch hier aber eine mittelbare demokratische Legitimation. Auf die Legitimation des Betriebsrats durch Wahl geht nämlich auch diejenige des Konzernbetriebsrats zurück, der sich aus Deligierten des Gesamtbetriebsrats zusammensetzt[43]. Es besteht also eine *Legitimationskette* von der Belegschaft über den Betriebsrat und den Gesamtbetriebsrat bis hin zum Konzernbetriebsrat[44]. Damit sind also auch hier die für Art. 19 III GG erforderlichen Teilhabeprozesse gesichert.

---

[41] *Dietz / Richardi* § 58 Rn. 1; *Fitting / Auffarth / Kaiser / Heither* § 58 Rn. 4; *Kreutz* in: GK-BetrVG, § 58 Rn. 7; *Trittin* in: D. / K. / K. / S., § 58 Rn. 3; *Windbichler*, Arbeitsrecht im Konzern, 1989, S. 365 ff.

[42] Siehe oben in diesem Abschnitt unter I 1.

[43] *Windbichler*, Arbeitsrecht im Konzern, 1989, S. 336.

[44] *Kreutz* in: GK-BetrVG, § 58 Rn. 32.

Wie der Gesamtbetriebsrat ist auch der Konzernbetriebsrat willensbildungs- und handlungsfähig, so daß er insgesamt als verselbständigte Organisationseinheit im Sinne von Art. 19 III GG bezeichnet werden kann.

Der Konzernbetriebsrat besitzt auch die von Art. 19 III GG geforderte Teilrechtsfähigkeit. Wie der Gesamtbetriebsrat ist der Konzernbetriebsrat in seinem Zuständigkeitsbereich ein eigenständiger und handlungsfähiger Träger betriebsverfassungsrechtlicher Rechte und Pflichten und kann somit als juristische Teilperson bezeichnet werden[45].

Was die Anforderungen an die abstrakte Grundrechtsfähigkeit im Sinne von Art. 19 III GG anbelangt, so erweist sich auch der Konzernbetriebsrat als Medium der Grundrechtsverwirklichung durch Organisation und Verfahren im Hinblick auf die Grundrechte der Arbeitnehmer aus Art. 2 I und 12 GG, da auf der Ebene des Konzerns die gleichen grundrechtlichen Gefährdungslagen eintreten können, wie auf der Betriebs- oder Unternehmensebene, was nicht zuletzt auch die Zunahme der praktischen Bedeutung des Konzernbetriebsrats in jüngerer Zeit verdeutlicht.

b) Die anwendbaren Grundrechte

Schließlich kann sich der Konzernbetriebsrat aufgrund der prinzipiell gleichen Rechtsstellung im gleichen Umfang wie der Betriebsrat und der Gesamtbetriebsrat (partiell) auf Grundrechte berufen[46]. Auch hier wirkt sich aber die Zuständigkeitsverteilung zwischen Konzernbetriebsrat, Gesamtbetriebsrat und Betriebsrat hinsichtlich der einzelnen betriebsverfassungsrechtlichen Rechtspositionen[47] als besondere ultra-vires-Schranke im Hinblick auf die jeweilige Grundrechtswahrnehmung aus.

---

[45] *Kreutz* in: GK-BetrVG, § 58 Rn. 6.

[46] Siehe hierzu oben im 5. Kapitel im Abschnitt B.

[47] Ausführlich hierzu *Windbichler*, Arbeitsrecht im Konzern, 1989, S. 371 ff.

Zusammenfassung der gewonnenen Ergebnisse

1. Der Betriebsrat erfüllt die aus Art. 19 III GG an die Innensphäre einer Grundrechtsperson zu stellenden Anforderungen. Hinter dem Betriebsrat steht die Belegschaft als interessenfähige Personenmehrheit. Durch den Betriebsrat wird die Belegschaft als willens- und handlungsfähig organisiert, wobei der Betriebsrat die Willensbildung und Willensverwirklichung durchführt. Die Institution des Betriebsrats und dessen organisationsrechtliches Verhältnis zur Belegschaft sind verbindlich und weisen Kontinuität auf.

2. Der Betriebsrat erfüllt auch die aus Art. 19 III GG an das Bestehen einer Teilrechtsfähigkeit zu stellenden Anforderungen. Der Betriebsrat besitzt eine Teilrechtsfähigkeit auf dem Gebiet des Betriebsverfassungsrechts. Dieses räumt dem Betriebsrat eine eigenständige Rechtsfähigkeit ein, die über die den einzelnen Arbeitnehmern zustehenden Rechtspositionen hinausgeht und von diesen trennbar ist. Sowohl aus dem Rechtsverhältnis zum Arbeitgeber als auch zu außerbetrieblichen Dritten ergibt sich, daß die Rechtsfähigkeit des Betriebsrats auch eine Außenrechtsfähigkeit darstellt.

3. Die Grundrechte sind auch nach Art. 19 III GG ihrem Wesen nach auf den Betriebsrat anwendbar. Die Tätigkeit des Betriebsrats vollzieht sich im außerstaatlichen Bereich. Aufgabenwahrnehmung und Rechtsstellung des Betriebsrats erweisen sich als Ausdruck von Organisations- und Verfahrensregelungen zur Verwirklichung von Grundrechtspositionen der Arbeitnehmer aus den Grundrechten der Art. 2 I und 12 GG. In diesem Sinne dient der Betriebsrat der Grundrechtsverwirklichung der Arbeitnehmer als den hinter ihm stehenden natürlichen Personen und ist damit auch als abstrakt grundrechtsfähig anzuerkennen.

4. Der Betriebsrat ist in den Grenzen seiner Aufgabenwahrnehmung partiell grundrechtsfähig im Hinblick auf die Grundrechte der Art. 3 I GG (Gleichheitsgrundsatz in seiner Ausprägung als Willkürverbot gegenüber der Rechtsprechung), Art. 5 I Satz 1 Hs. 1 GG (Meinungsfreiheit), Art. 5 I Satz 1 Hs. 2 GG (Informationsfreiheit), Art. 8 GG (Versammlungsfreiheit), Art. 10 GG (Brief-, Post- und Fernmeldegeheimnis), Art. 13 (Unverletzlichkeit der Wohnung), Art. 17 GG (Petitionsrecht), Art. 19 IV GG (Rechtsweggarantie) sowie Art. 101

I Satz 2 (Recht auf den gesetzlichen Richter) und Art. 103 I GG (Anspruch auf rechtliches Gehör).

5. Aus § 118 I BetrVG (Tendenzbetriebe) ergeben sich grundsätzlich keine Einschränkungen im Hinblick auf die Grundrechtsfähigkeit des Betriebsrats und die auf diesen im einzelnen anwendbaren Grundrechte.

6. Gesamtbetriebsrat und Konzernbetriebsrat können sich im Rahmen und innerhalb der Schranken ihrer betriebsverfassungsrechtlichen Zuständigkeit prinzipiell im gleichen Umfang wie der Betriebsrat auf Grundrechte berufen.

Literaturverzeichnis

Achterberg, N.: Die Bedeutung des Rechtsverhältnisses für die Grundrechtssubjektivität von Organisationen, in: Gedächtnisschrift für F. Klein, 1977, S. 1 ff.

Bachof, O.: Teilrechtsfähige Verbände des öffentlichen Rechts, in: AöR 83 (1958), S. 208 ff.

Badura, P.: Die Unternehmensfreiheit der Handelsgesellschaften, DÖV 1990, 353 ff.

Baltzer, J.: Der Beschluß als rechtstechnisches Mittel organschaftlicher Funktion im Privatrecht, 1965

Battis, U.: Partizipation im Städtebaurecht, 1976

– Personalvertretung und Verfassung, NVwZ 1986, 885 ff.

Belling, D. W.: Die Haftung des Betriebsrats und seiner Mitglieder für Pflichtverletzungen, 1990

Besgen, D.: Anspruch des Betriebsrats auf sächliche Mittel, Räume und Büropersonal, AiB 1987, 150 ff.

Bethge, H.: Die Grundrechtsberechtigung juristischer Personen nach Art. 19 Abs. 3 Grundgesetz, 1985

Benda, E. / Maihofer, W. / Vogel, H. J. (Hrsg.): Handbuch des Verfassungsrechts, 1983

Beyer, G.: Zur Beschwerdebefugnis von Verbänden wegen Grundrechtsverletzungen, 1976

Bonner Kommentar: Kommentar zum Bonner Grundgesetz, Loseblattausgabe, Stand 1993, zit.: BK

Böhm, W.: Akten, Geschäftsräume und Schwarzes Brett des Betriebsrats, RdA 1974, 88 ff.

Brill, W.: Die Zusammenarbeit des Betriebsrates mit außerbetrieblichen Stellen, AuR 1981, 202 ff.

– Die Betriebsräteversammlung, AuR 1979, 138 ff.

Däubler, W.: Gewerkschaftsrechte im Betrieb, 7. Auflage, 1992

Däubler, W. / *Kittner*, M. / *Klebe*, Th. / *Schneider*, W. (Hrsg.): Betriebsverfassungsgesetz mit Wahlordnung, Kommentar für die Praxis, 4. Auflage, 1994, zit.: D. / K. / K. / S.

Depenheuer, F.: Die Grundrechtsfähigkeit von juristischen Personen des öffentlichen Rechts und ihrer Arbeitgebervereinigungen, ZTR 1993, 364 ff.

Dietel, A. / *Gintzel*, K. / *Kniesel*, M.: Demonstrations- und Versammlungsfreiheit, 10. Auflage, 1991

Dietmair, A.: Die juristische Grundrechtsperson des Art. 19 Abs. 3 GG im Licht der geschichtlichen Entwicklung, 1988

Dietz, R. / *Richardi*, R.: Betriebsverfassungsgesetz, Kommentar, Band 1 und 2, 6. Auflage, 1981 / 1982

Dietz, R. / *Richardi*, R.: Bundespersonalvertretungsgesetz: Kommentar unter Berücksichtigung der Landespersonalvertretungsgesetze, Band 1, §§ 1-52, 2. Auflage, zit.: Dietz / Richardi, BPersVG

Dreher, M.: Unternehmen und Politik, in: ZHR 155 (1991), S. 349 ff.

Dreier, R.: Zur Grundrechtssubjektivität juristischer Personen des öffentlichen Rechts, in: Festschrift für H. U. Scupin, 1973, S. 81 ff.

Dütz, W.: Der Grundrechtsschutz von Betriebsräten und Personalvetretungen, 1986

Erichsen, H. U. / *Martens*, W. (Hrsg.): Allgemeines Verwaltungsrecht, 9. Auflage, 1992

Fabricius, F.: Relativität der Rechtsfähigkeit, 1963

Fabricius, F. / *Kraft*, A. / *Wiese*, G. / *Kreutz*, P.: Betriebsverfassungsgesetz, Gemeinschaftskommentar, Band 1, §§ 1-73, 5. Auflage, 1994, zit.: GK-BetrVG

Fabricius, F. / *Kraft*, A. / *Thiele*, W. / *Wiese*, G. / *Kreutz*, P.: Betriebsverfassungsgesetz, Gemeinschaftskommentar, Band 1, §§ 1-73, Band 2, §§ 74-132, 4. Auflage, 1987 / 1990, Nachtrag 1991, zit.: Bd. 1: GK-BetrVG (4. Aufl.), Bd. 2: GK-BetrVG

Fitting, K. / *Auffarth*, F. / *Kaiser*, H. / *Heither*, F.: Betriebsverfassungsgesetz, Handkommentar, 17. Auflage, 1992

Fitting, K. / *Wlotzke*, O. / *Wißmann*, H.: Mitbestimmungsgesetz, Kommentar, 2. Auflage, 1978

Galperin, H. / *Löwisch*, M.: Kommentar zum Betriebsverfassungsgesetz, Band I und II, 6. Auflage, 1982

Gamillscheg, F.: Arbeitsrecht Band II: Kollektives Arbeitsrecht, 6. Auflage, 1984

– Die Grundrechte im Arbeitsrecht, 1990

von Gierke, O.: Die Genossenschaftstheorie und die deutsche Rechtsprechung, 1887, Nachdruck 1963

Gnade, A. / *Kehrmann*, K. / *Schneider*, W. / *Blanke*, H. / *Klebe*, Th.: Betriebsverfassungsgesetz, Basiskommentar, 5. Auflage, 1992

Groß, H.: Die Nachprüfbarkeit von Beschlüssen des Betriebsrats, AuR 1953, 71 ff.

Gusy, Ch.: Die Verfassungsbeschwerde: Voraussetzungen und Verfahren, 1988

– Lehrbuch der Versammlungsfreiheit, JuS 1986, 608 ff.

Hager, J.: Grundrechte im Privatrecht, JZ 1994, 373 ff.

Hamann, A. / *Lenz*, H.: Das Grundgesetz für die Bundesrepublik Deutschland vom 23. Mai 1949, 3. Auflage, 1970

Hanau, P. / *Ulmer*, P.: Kommentar zum Mitbestimmungsgesetz, 1981

Häberle, P.: Arbeit als Verfassungsproblem, JZ 1984, 345 ff.

– Öffentliches Interesse als juristisches Problem, 1970

Heinze, M.: Inhalt und Grenzen betriebsverfassungsrechtlicher Rechte, ZfA 1988, 53 ff.

– Personalplanung, Einstellung und Kündigung. Die Mitbestimmung des Betriebsrats bei personellen Maßnahmen, 1982

Herschel, W.: Der Betriebsrat damals und heute, in: Gedenkschrift für Kahn-Freund, 1981, S. 117 ff.

– Von der Freiheit des Bertriebsrats und ihren Grenzen, ZfA 1984, 65 f.

Hess, H. / *Schlochauer*, U. / *Glaubitz*, W.: Kommentar zum Betriebsverfassungsgesetz, 3. Auflage, 1986, zit.: Hess / Schlochauer / Glaubitz (3. Aufl.)

– Kommentar zum Betriebsverfassungsgesetz, 4. Auflage, 1993

Hesse, K.: Grundzüge des Verfassungsrechts der Bundesrepublik Deutschland, 19. Auflage, 1993

Hitzfeld, U.: Geheimnisschutz im Betriebsverfassungsrecht, 1990

Hofmann, R.: Das Verbot der parteipolitischen Betätigung im Betrieb, 1984

von *Hoyningen-Huene*, G.: Betriebsverfassungsrecht, 3. Auflage, 1993

– Das Betriebsverhältnis, NzA 1989, 121 ff.

– Drittbeziehungen in der Betriebsverfassung, RdA 1992, 355 ff.

Hueck, A. / *Nipperdey*, H. C.: Lehrbuch des Arbeitsrechts, Band II / 1, 7. Auflage, 1967, Band II / 2 unter Mitarbeit von F. J. Säcker, 7. Auflage, 1970

Ihlefeld, A.: Verfassungsrechtliche Probleme des § 118 BetrVG, RdA 1977, 223 ff.

Isensee, J. / *Kirchhof*, P. (Hrsg.): Handbuch des Staatsrecht, Band I-VI, 1987 ff.

Jahnke, V.: Kompetenzen des Betriebsrates mit vermögensrechtlichem Inhalt, RdA 1975, 343 ff.

– Zwangsvollstreckung in der Betriebsverfassung, 1977

Jarass, H. D. / *Pieroth*, B.: Grundgesetz für die Bundesrepublik Deutschland, Kommentar, 2. Auflage, 1992

Jellinek, G.: System der subjektiven öffentlichen Rechte, 1905

John, U.: Die organisierte Rechtsperson. System und Probleme der Personifikation im Zivilrecht, 1977

Kau, W.: Vom Persönlichkeitsschutz zum Funktionsschutz, 1989

Kempen, O. E.: Das grundrechtliche Fundament der Betriebsverfassung, AuR 1986, 129 ff.

– Grundgesetz, technischer Wandel und betriebliche Mitbestimmung, AuR 1988, 271 ff.

Kissel, O. R.: Arbeitsrecht und Meinungsfreiheit, NzA 1988, 145 ff.

Konzen, H.: Privatrechtssystem und Betriebsverfassung, ZfA 1985, 469 ff.

Kopp, F. O.: Verwaltungsgerichtsordnung, 9. Auflage, 1992

Koppensteiner, H. G.: Zur Grundrechtsfähigkeit gemischtwirtschaftlicher Unternehmen, NJW 1990, 3105 ff.

Kraft, A.: Stellungnahme zum Beitrag von Wilhelm Herrschel, ZfA 1984, 67 f.

Kreutz, P.: Grenzen der Betriebsautonomie, 1979

Küchenhoff, G.: Einwirkung des Verfassungsrechts auf das Arbeitsrecht, RdA 1969, 97 ff.

Larenz, K.: Allgemeiner Teil des deutschen bürgerlichen Rechts, 7. Auflage, 1988

Löwisch, M.: Die Herausgabe schriftlicher Informationen durch den Betriebsrat, in: Festschrift für Hilger und Stumpf, 1983, S. 429 ff.

Loritz, K. G.: Sinn und Aufgabe der Mitbestimmung heute, ZfA 1991, 1 ff.

Lunk, S.: Die Betriebsversammlung – das Mitgliederorgan des Belegschaftsverbandes, 1991

von *Mangoldt*, H. / *Klein*, F.: Das Bonner Grundgesetz, 2. Auflage, 1957

von *Mangoldt*, H. / *Klein*, F. / *Starck*, Ch.: Das Bonner Grundgesetz, 3. Auflage, Band 1, Art. 1-5, 1985

Marino, G.: Die verfassungsrechtlichen Grundlagen des sogenannten Tendenzschutzes im Betriebsverfassungsrecht und im Unternehmensverfassungsrecht, 1986

Martens, W.: Öffentlich als Rechtsbegriff, 1969

Maunz, Th. / *Dürig*, G. (Hrsg.): Grundgesetz, Kommentar, Loseblatt, Stand 1993

Maunz, Th. / *Zippelius*, R.: Deutsches Staatsrecht, 29. Auflage, 1994

Maurer, H.: Allgemeines Verwaltungsrecht, 9. Auflage, 1994

von Münch, I. / *Kunig*, Ph.(Hrsg.): Grundgesetz-Kommentar, Band 1 (Präambel bis Art. 20), 4. Auflage 1992

Münchener Handbuch des Arbeitsrechts: Band 3, 1993, zit.: MünchArbR

Münchener Kommentar: Kommentar zum Bürgerlichen Gesetzbuch, herausgegeben von K. Rebmann und F. Säcker, Band 1, 3. Auflage 1993, zit.: MünchKomm-Bearbeiter

von Mutius, A.: Grundrechtsfähigkeit, Jura 1983, 30 ff.

– Die Vereinigungsfreiheit gem. Art. 9 Abs. 1 GG, Jura 1984, 193 ff.

Niederalt, W.: Die Individualrechte des Arbeitnehmers nach dem Betriebsverfassungsgesetz 1972 (§§ 75, 81 ff.), 1976

Nikisch, A.: Arbeitsrecht, Band III, 2. Auflage, 1966

Ossenbühl, F.: Verwaltungsvorschriften und Grundgesetz, 1968

Palandt, O.: Bürgerliches Gesetzbuch, Kommentar, 53. Auflage, 1994, zit.: Palandt / Bearbeiter

Pieroth, B. / *Schlink*, B.: Grundrechte, Staatsrecht II, 9. Auflage, 1993

Plander, H.: Außenbeziehungen des Betriebsrates, AuR 1993, 161 ff.

Raiser, Th.: Mitbestimmungsgesetz nebst Wahlordnungen, Kommentar, 2. Auflage, 1984

Ramm, T.: Die Freiheit der Willensbildung, 1960

– Juristische Person und Verfassung, in: Gedächtnisschrift für J. Rödig, 1978, S. 229 ff.

Richardi, R.: Kollektivgewalt und Individualwille bei der Gestaltung des Arbeitsverhältnisses, 1968

Richter, H.: Beteiligungsrechte des Betriebsrats in Tendenzbetrieben, DB 1991, 2661 ff.

Rittner, F.: Die werdende juristische Person, 1973

Rosset, Ch.: Rechtssubjektivität des Betriebsrates und Haftung seiner Mitglieder, 1985

Roxin, C.: Strafrecht, Allgemeiner Teil, Band I, Grundlagen, der Aufbau der Verbrechenslehre, 1992

Rüfner, W.: Zur Bedeutung und Tragweite des Art. 19 Abs. 3 des Grundgesetzes, in: AöR 89 (1964), S. 261 ff.

Rupp, H. H.: Grundfragen der heutigen Verwaltungslehre, 1965

Rupp-von Brünneck, W.: Zur Grundrechtsfähigkeit juristischer Personen, in: Festschrift für Adolf Arndt, 1969, S. 349 ff.

Säcker, F. J.: Informationsrechte der Betriebs- und Aufsichtsratsmitglieder, 1979

Schaub, G.: Arbeitsrechtshandbuch, 7. Auflage, 1992

Schmidt, K.: Gesellschaftsrecht, 2. Auflage, 1991

Schmidt-Aßmann, E.: Der Grundrechtsschutz gemischtwirtschaftlicher Unternehmen nach Art. 19 Abs. 3 GG, BB 1990, Beilage zu Heft 27, S. 1 ff.

Scheuerle, W. A.: Das Wesen des Wesens – Studien über das sogenante Wesensargument im juristischen Begründen, AcP 163 (1964), S. 429 ff.

Schnapp, F. E.: Artikel „Grundrechtsträger", in: Ergänzbares Lexikon des Rechts (Loseblatt, 1985 ff.), Band 1, Lieferung 10, 5 / 360

Schneider, H. P.: Art. 12 GG – Freiheit des Berufs und Grundrecht der Arbeit, in: VVDStRL 43 (1985), S. 7 ff.

Schnorr, G.: Öffentliches Vereinsrecht, 1965

Scholz, R.: Koalitionsfreiheit als Verfassungsproblem, 1971

Seidl, O.: Grundrechtsschutz juristischer Personen des öffentlichen Rechts in der Rechtsprechung des Bundesverfassungsgerichts, in: Festschrift für W. Zeidler, 1987, S. 1459 ff.

Simianer, R.: Teilrechtsfähigkeit oder Vertretungsbefugnis des Personalrats bei der Zuziehung eines Rechtsanwalts, Die Personalvertretung 1994, 300 ff.

Simitis, S. / *Kreuder*, T.: Betriebsrat und Öffentlichkeit, NZA 1992, 1009 ff.

Soergel, Hs. Th.: Bürgerliches Gesetzbuch, Kommentar, begründet von Hs. Th. Soergel, fortgeführt von W. Siebert, Band 1, 12. Auflage, 1988

Sorge, S.: Die Haftung des Betriebsrats für unerlaubte Handlungen, AuR 1953, 272 ff.

Söllner, A.: Wes Brot ich eß', des Lied ich sing – Zur Freiheit der Meinungsäußerung im Arbeitsverhältnis, Festschrift für Herschel, 1982, S. 389 ff.

Starck, Ch.: Staatliche Organisation und staatliche Finanzierung als Hilfen zu Grundrechtsverwirklichungen, in: Festschrift 25 Jahre Bundesverfassungsgericht, Band II, 1976, S. 480 ff.

– Die Grundrechte des Grundgesetzes, JuS 1981, 237 ff.

Stern, K.: Das Staatsrecht der Bundesrepublik Deutschland, Bd. III 1. Halbband, 1988

– Zur Problematik des energiewirtschaftlichen Konzessionsvertrages, AöR 84 (1959), Teil 1: S. 137 ff., Teil 2: S. 273 ff.

Stöckl, S.: Das rechtliche Verhältnis zwischen dem Betriebsrat und einzelnem Arbeitnehmer, 1988

Suhr, D.: Entfaltung der Menschen durch die Menschen, 1976

Wassermann, R. (Hrsg.): Kommentar zum Grundgesetz für die Bundesrepublik Deutschland (Reihe Alternativkommentare), Band 1 und 2, 2. Auflage, 1989, zit.: AK-GG

Weber, H.-J.: Die Rechtsfolgen von Amtspflichtverletzungen des Betriebsrats und seiner Mitglieder, DB 1992, 2135 ff.

Weitnauer, H.: Zivilrechtliche Grundstrukturen im Bertriebsverfassungsrecht, in: Festschrift für K. Duden, 1977, S. 705 ff.

Wiedemann, H.: Gesellschaftsrecht, Band I, 1980

Windbichler, Ch.: Arbeitsrecht im Konzern, 1989

Wolber, K.: Die Personalvertretung als Trägerin von Grundrechten, RiA 1981, 210 ff.

Wolff, H. J.: Organschaft und juristische Person. Untersuchungen zur Rechtstheorie und zum öffentlichen Recht. Band I, Juristische Person und Staatsperson, 1933, Band II, Theorie der Vertretung, 1934

Wolff, H. J. / *Bachof*, O.: Verwaltungsrecht I, 9. Auflage, 1974

Zimmermann, N.: Der grundrechtliche Schutzanspruch juristischer Personen des öffentlichen Rechts, 1993

Zöllner, W.: Die Stellung des Arbeitnehmers in Betrieb und Unternehmen, in: Festschrift 25 Jahre Bundesarbeitsgericht, 1979, S. 745 ff.

Zöllner, W. / *Loritz*, K. G.: Arbeitsrecht, 4. Auflage, 1992

FSC
www.fsc.org
MIX
Papier | Fördert
gute Waldnutzung
FSC® C083411

Kolibri 360 GmbH
Ferdinand-Jühlke-Straße 7
99095 Erfurt, Deutschland
produktsicherheit@kolibri360.de

Druck:
CPI Druckdienstleistungen GmbH
im Auftrag der
Kolibri 360 GmbH
Ferdinand-Jühlke-Str. 7
99095 Erfurt